运动训练的系统分析与实践研究

刘　冉◎著

吉林出版集团股份有限公司
全国百佳图书出版单位

图书在版编目（CIP）数据

运动训练的系统分析与实践研究 / 刘冉著 . -- 长春：
吉林出版集团股份有限公司 , 2023.6
　ISBN 978-7-5731-3881-1

　Ⅰ . ①运… Ⅱ . ①刘… Ⅲ . ①运动训练—研究 Ⅳ .
① G808.1

中国国家版本馆 CIP 数据核字（2023）第 133952 号

运动训练的系统分析与实践研究
YUNDONG XUNLIAN DE XITONG FENXI YU SHIJIAN YANJIU

著　　者：刘　冉
责任编辑：矫黎晗
装帧设计：马静静
出　　版：吉林出版集团股份有限公司
发　　行：吉林出版集团青少年书刊发行有限公司
地　　址：吉林省长春市福祉大路 5788 号
邮政编码：130118
电　　话：0431-81629808
印　　刷：北京亚吉飞数码科技有限公司
版　　次：2024 年 3 月第 1 版
印　　次：2024 年 3 月第 1 次印刷
开　　本：710mm×1000mm　1/16
印　　张：16.5
字　　数：261 千字
书　　号：ISBN 978-7-5731-3881-1
定　　价：86.00 元

如发现印装质量问题，影响阅读，请与印刷厂联系调换。电话：010-82540188

前　言

　　运动训练是竞技体育最基本和基础的活动形式,是提高运动员竞技能力和运动成绩的重要手段。在信息技术和知识急速发展的今天,竞技体育领域内的教练员要想通过运动训练迅速提高运动员的竞技能力,使运动员在竞赛中创造优异的成绩,就应按照科学的竞技规律与训练理论来培养运动员。广大教练员必须正确认识运动训练过程的结构,科学组织训练过程,有效实现对运动训练过程的监督与控制,加强运动训练管理,切实提高运动训练的效果。运动训练过程是一个多层次系统,包括科学选材与诊断、理想的训练目标及目标模型、科学的训练计划、有效组织与控制训练活动、科学组织竞赛、高效能的恢复与营养系统、高效率的训练管理等。鉴于运动训练过程的系统性与复杂性,必须着眼于系统理论深入研究运动训练,系统有序地、全方位地实施运动训练。经过多年的发展,我国运动训练已逐步摆脱了单一的训练形式,初步形成多系统全方位的体系,但该体系的构建还处于初级阶段,有待进一步科学审视运动训练,丰富运动训练理论,提高运动训练水平。基于此,作者在查阅大量相关著作文献的基础上,精心撰写了本书。

　　本书共九章,第一章是运动员竞技能力与训练的系统理论,着眼于系统科学理论分析、运动员竞技能力训练与发展。第二章是运动训练理论指导与科学保障,为运动训练的实施提供理论指导,并通过科学管理、医务监督和培养优秀教练员来保障运动训练的效果与运动员的安全。第三章是体能训练实用指导,包括力量、速度、耐力、柔韧、灵敏、平衡与协调等多项运动素质的训练方法。第四章是运动心理与智能训练实用指导,为提高运动员的心理素质和运动智能水平提出科学有效的训练方法。第五章是运动员技战术训练实用指导,技战术是运动员竞技能力的核心组成部分,是运动训练的重点,因此要给予高度重视,在实践中将技术训练与战术训练有机结合起来,促进运动员技战术能力的提升。第六章至第九章分别对田径与球类运动技能训练、游泳运动技能训练、健身健美运动技能训练以及格斗对抗运动技能训练进行分析,重点提出各项目的技术训练方法,从而为从事这些项目的运动员提升专项运动技能水平提供实践指导。

整体而言,本书具有以下几个特点。

第一,结构合理。本书首先阐述运动员竞技能力与训练的系统理论,其次对运动训练理论指导与科学保障展开研究,再次全方位探讨运动员体能、心理、智能以及技战术的科学训练方法,最后对不同运动项目的技能训练方法进行研究。总体上结构严谨,逻辑清晰,内容丰富,理论与实践相结合,系统性较强。

第二,立足实用。本书从现代竞技体育发展规律与趋势出发,认真梳理训练实践经验,对训练实践中涌现出的新观点和新方法加以总结与归纳,使运动训练理论更加丰富和完善,不仅从理论层面为运动训练的实施提供基础指导,而且还从操作层面为各项竞技能力训练和不同竞技项目训练提供了科学的方法指导。

第三,紧跟前沿。本书从现代竞技体育和运动训练发展的多样性和复杂性出发,梳理与归纳了训练实践的成功经验,同时吸收了其他体育学科的研究成果,不断丰富运动训练理论,创新运动训练方法,以更好地指导运动训练实践,促进竞技体育的发展。

总之,本书着重对运动训练理论、方法以及不同运动项目的技能训练进行研究,为运动员系统训练和提高竞技能力提供科学的理论与方法指导。期望本书能够为丰富我国运动训练理论与方法体系、提高运动训练水平和竞技比赛成绩以及助力体育强国建设做出贡献。

本书在撰写过程中,借鉴了许多专家、学者的研究成果和观点,在此表示诚挚的谢意。另外,由于时间和精力有限,书中难免有不妥之处,敬请读者谅解并指正。

作　者

2023 年 5 月

目　录

第一章

运动员竞技能力与训练的系统理论

近年来,随着竞技体育的不断发展、各项目竞赛规则的不断完善,对运动员的竞技能力提出了越来越高的要求,需要运动员的思想素质、身心素质、运动技能以及运动智能等各方面的能力相互配合、协同发展,从而在比赛中高水平地发挥竞技实力,赢得胜利。运动员的竞技能力是由诸多因素构成的复杂统一体,认识与理解运动员的竞技能力是安排运动训练的基础。而且由于运动员竞技能力的复杂性,有必要将系统科学理论运用到运动训练中,保障运动训练的全面性与系统性,从而循序渐进、全方位地提升运动员的竞技能力。本章主要对运动员竞技能力与训练的系统理论进行分析,主要内容包括运动员竞技能力的结构与发展、运动员竞技能力训练系统、系统科学理论对运动竞技能力训练的启示以及运动训练创新理论。

第一节　运动员竞技能力的结构与发展

一、运动员竞技能力的概念

竞技能力是竞技运动本质的具体体现，是竞技运动制胜规律的基本构件，是运动专项特征的核心内容。运动员竞技能力是指运动员在训练中的承受能力和在比赛中的表现能力（运动成绩）。运动员竞技能力是运动员体能、技术能力、战术能力、心理能力、运动智能等要素的有机综合。其中体能是一种综合素质，包括运动素质和人体机能水平；技术能力是指按一定技术要求掌握、完成和表现技术动作的能力；战术能力是指运动员学习和运用战术的本领；心理能力是指运动员对训练和比赛的心理适应状态；运动智能是运动智力和能力的综合体。[①]

竞技能力的内涵体现在 3 个方面。

（1）竞技能力是训练和比赛所具备的能力。

（2）竞技能力是由若干能力要素构件组成的结构体系。

（3）竞技能力具有鲜明的专项运动特征。

二、运动员竞技能力的结构及其特征

（一）运动员竞技能力的构成要素

田麦久教授系统研究了竞技能力的构成，指出运动员的竞技能力由体能、技能和心理能力构成，如图 1-1 所示。该图反映了竞技能力构成因素在竞技运动中的表现形式以及影响各要素发挥的基础条件。

---

① 　郑伟 . 论竞技能力 [M]. 北京：中国科学技术出版社，2005.

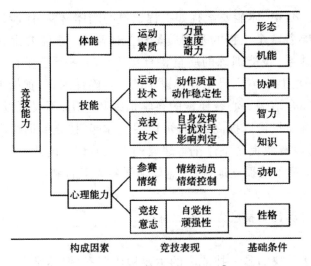

图 1-1 竞技能力的构成[①]

有学者在田麦久教授研究成果的基础上对竞技能力的结构进行了补充,指出竞技能力的构成除了包含体能、技能和心理能力等要素外,还包括运动智力,由此形成了新的竞技能力结构体系,如图1-2所示。

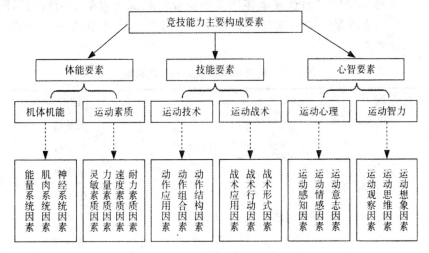

图 1-2 竞技能力主要构成因素[②]

体能、技能和心智要素及其所属构成因子是竞技能力的主体骨架和

① 杨桦,李宗浩,池建.运动训练学导论[M].北京:北京体育大学出版社,2007.
② 胡亦海.竞技运动训练理论与方法[M].北京:人民体育出版社,2014.

基础元素。其中,体能要素犹如工程建设的刚体材料,体能训练的质量将直接影响着整个工程的基础质量和主体高度;技能要素犹如工程建设的结构体系,技能训练的质量将直接决定着整个工程的主体构造和功能作用;心智要素则是工程建设中的一种隐性因素,犹如工程建设必须使用的黏合溶剂。心智要素的科学训练和应用,不仅可以促使体能、技能的训练质量得以提高,而且可以促使体能、技能的训练内容融为一体,同时可以有效提高整体工程建设的工艺质量。由此可见,竞技能力的发展与提高不能孤立地推进,需要加强各要素的融合。[1]

(二)运动员竞技能力结构的特征

图 1-2 反映的是竞技能力的主要构成要素,但不是全部要素,因为竞技能力的内部要素具有多样性、类别性和专项性等特点,所以要将竞技能力的构成因子全部展现出来是很难的。出于分析方便,表 1-1 的四级层次因素基本可以作为分析与研究竞技能力构成因素的特征的基点。每一个层次的竞技能力因素都是由下位层次的若干因素组成。竞技能力基本结构的因素逐级体现专项特征。竞技能力基本结构的第四级层次因素既是显现专项竞技能力的主干因素,也是细化专项竞技能力的基础要素。

表 1-1　运动员竞技能力的层次要素[2]

一级	二级	三级	四级
体能	机体机能	神经系统	灵活性
			稳定性
			高强性
		肌肉系统	速度性
			协调性
			精细性
		能量系统	无氧性
			有氧性
			混合性

① 郑伟 . 论竞技能力 [M]. 北京:中国科学技术出版社,2005.
② 胡亦海 . 竞技运动训练理论与方法 [M]. 北京:人民体育出版社,2014.

续表

一级	二级	三级	四级
技能	运动素质	力量素质	最大性
			爆发性
			持久性
		速度素质	反应性
			速度性
			持久性
		耐力素质	短时性
			中时性
			长时性
		灵敏素质	协调性
			应变性
			及时性
	运动技术	动作结构	稳定性
			多样性
			微调性
		动作组合	衔接性
			变异性
			节奏性
		动作运用	准确性
			应变性
			难美性
	运动战术	战术形式	多样性
			针对性
			转换性
		战术行动	默契性
			应变性
			预见性
		战术应用	熟练性
			针对性
			诡奇性

续表

一级	二级	三级	四级
心智	运动心理	运动感知	清晰性
			准确性
			敏锐性
		运动情感	激情性
			稳定性
			表现性
		运动意志	坚定性
			果断性
			自制性
	运动智力	运动思维	敏捷性
			想象性
			逻辑性
		运动观察	细微性
			准确性
			广泛性
		运动想象	清晰性
			丰富性
			联想性

下面概括分析运动员竞技能力构成因素的几个主要特征。

1. 多样性

运动员的竞技能力由丰富多样的因素所构成,不能将竞技能力的总体专项特征用某一竞技能力的专项特征替代,或者说某一竞技能力的专项特征不能完全说明竞技体育的总体专项特征,否则就是以偏概全。竞技能力的内部组成要素既多元,又复杂,尤其体现在第四级层次要素中,在运动训练过程及相关科研活动中,不能用某一层级的竞技能力因素概括其上一级的竞技能力因素,避免出现以管窥天的片面现象。深入研究与探索竞技能力内部的具体组成因素,有利于对竞技能力特征的揭示,也有利于进一步发展竞技体育,但要注意避免研究的片面性,防止以偏概全。

因为运动员竞技能力内部结构要素具有多样性,因此在培养运动员竞技能力时,要从系统性和多元化的角度出发,进行全方位培养,促进运动员专项竞技能力整体水平的提高。我们不否认竞技能力系统中多样化的组成因素在重要性上是有区别的,各因素的重要性与运动专项有关,但不管某个因素多么重要,都不能只发展这一个因素,必须树立全面发展与综合提高的训练理念,在此基础上对重要组成因素的训练给予更多的关注与重视。

2. 专项性

竞技体育中,不同项目的运动特征是由该项目的专项竞技能力构成因素所决定的。专项竞技能力要素的特征蕴藏了不同项目的专项特征。不同竞技能力要素对专项运动的影响程度是由各要素的专项特征所决定的。也就是说,竞技能力内部的各专项要素所发挥的重大影响作用对专项运动特征有决定性影响,所以不管从宏观视角分析,还是微观视角探讨,都要加强对专项竞技能力因素的训练,尤其是主要因素的训练。

正因为竞技能力组成因素具有专项性,因此要从专项化和个性化视角出发而对运动员的专项竞技能力各要素进行系统化培养,不管从事何种项目的运动员,都必须从运动专项的需要出发提升自己的专项竞技能力,进而提升自己的专项成绩。

3. 类别性

运动员的参赛能力是其竞技能力的综合体现,要了解运动员的竞技能力,就要去看运动员在赛场上的表现。竞技能力的构成因素是有类别之分的,不同类别的构成因素在性质、功能、特点等方面是有区别的,而且不同类别的因素之间存在密切的关联。此外,不同类别竞技能力因素的发展都离不开科学原理的指导。例如,在体能训练中,要全面发展体能各要素,就要以运动生物力学等学科作为理论参考;在技能训练中,要发展运动技战术的各个因素,就要以运动训练学等学科作为理论参考;在心智能训练中,要有效发展运动心理和运动智能因素,就要以运动心理学、教育学等学科为理论参考。在不同类型竞技能力因素的发展中参考相关学科理论与科学原理,依靠多元学科理论的支撑去进行运动训练,能够有效提高运动训练的水平,最终提高运动员的竞技能力。

鉴于竞技能力组成因素的类别性特征,在竞技能力培养与发展中要从逻辑性视角出发而有序安排各类要素的训练,使各类竞技能力组成因素均衡发展,进而促进运动员竞技能力的全面提升。

三、运动员竞技能力的发展

(一)运动员竞技能力的发展史

从宏观上来看,运动员竞技能力的发展历程反映了人类文明的进步史。竞技能力的内涵经历了由简单到复杂、由单一到多元、由浅层到深入的不断充实与发展的过程,从这个动态变化的过程中可以透视人类文明发展的历史痕迹,大体趋向为"物质→精神→科学""具体→抽象→具体(科学化、定量化)""原始→现代→未来"。

从微观上来看,古代竞技运动中,运动员竞技能力的内容比较简单,在竞技"比赛"或以体力为主的较量中,人们获胜主要靠的是先天的体力和能力。最早期的竞技是从人与自然的较量中体现出来的,它是以生存为目的的。后来出现的原始竞技运动是从人与人或部落与部落的较量中体现出来的,它是以争夺荣誉和权力为目的的。在最早期的竞技和原始竞技运动中,人类的体能是较量的重要"武器"。后来出现科学发明后,人们以金属为原料进行兵器的制作,用于战争和竞技。随着人类文明的不断进步,兵器越来越丰富、先进,人们的操作技术越来越娴熟,在战争与竞技中人们主要依靠体能和技术(兵器)去展开较量,体能与技能日渐结合,竞技能力的内容也从单一的体能要素拓展为体能与技能两大要素。人类文明的进步和社会文化生活的丰富推动了像篮球、足球这样集体类竞技项目的出现与流行,这些集体对抗竞技项目的对抗和竞争十分激烈,除了对人的体能、技术有要求外,对集体战术打法和配合的要求也很高,因此运动员竞技能力中又新增了战术能力这个重要因素。

现代竞技体育随着现代科技、社会经济、多元文化的发展而快速发展,竞技体育充满激烈的竞争,竞技比赛成绩越来越惊人,一些项目的世界纪录不断被刷新。随着一些科学而先进的训练理念、训练理论不断渗透与融入竞技体育中,以及运动员试图突破比赛成绩的需求越来越强烈，人们开始以先进理论为依托，以科学方法为工具，展开对人类精神领域的潜能的深入探索与开发，从而推动了运动心理能力和运动智力的发展，运动员竞技能力的内容在体能、技术能力、战术能力的基础上又增加了新的成员，即运动心理与运动智力。至此，竞技能力的结构趋于完善，内涵愈发丰富，运动员竞技能力的发展越来越全面。

在运动员竞技能力的内容不断充实与完善的过程中，有一个核心理论贯穿其中，即"物质变精神，精神变物质"的辩证唯物主义观点。正因为有这个核心理论的指导，竞技能力的发展才能实现质的飞跃，才能一步步充实与完善。竞技能力内涵的丰富也离不开体育社会学理论的指导，在核心理论与这一理论的共同作用下，竞技能力的构成因素将人类的三大属性(物质属性、精神属性、社会属性)的基本特征全面涵盖并充分反映出来，人类所有运动动力及综合潜能的开发领域在竞技能力中得到完整的体现，这就进一步明确了运动训练的目标。总之，从竞技能力的发展历史中，我们可以管窥人类文明进步的历史和表现。

（二）运动员竞技能力发展的非衡结构补偿理论

竞技能力的构成因素相互之间存在着密切的关系，而且各构成因素的发展存在明显的均衡性特点。但从运动员个体方面来看，个体竞技能力构成因素的发展则具有非均衡性，这主要从个体竞技能力构成因素的相互关系中体现出来。从竞技能力功能实现的视角来看，要实现竞技能力一般模型的功能，需要竞技能力构成因素均衡发展，而要实现竞技能力个体模型的功能，则要求个体竞技能力构成要素相互补偿。[①] 竞技能力非衡结构补偿理论就是依此而提出来的，能够更具体地说明与体现运动员个体竞技能力非衡结构及相互补偿的是"双子模型"理论。

1.群体竞技能力结构的均衡特征

群体竞技能力也就是综合竞技能力，构成群体竞技能力的因素也就是子竞技能力，即个体竞技能力。只有子竞技能力不断发展与提高，群体竞技能力才能提高与均衡发展。例如，一个篮球队的综合竞技能力是

---

① 刘大庆，周爱国，刘刚.运动员竞技能力的结构特点与基础训练方法 [M].北京：北京体育大学出版社，2006.

整个队伍的整体作战能力,整体作战能力是由每个运动员的竞技能力也就是子竞技能力组成的,只有每个运动员的竞技能力都得到提高,全体队员的竞技能力均衡发展,才能整体提高团队作战能力。

2. 个体竞技能力的非衡结构及补偿特征

（1）个体竞技能力的非衡结构

运动员个体竞技能力构成因素的发展具有非均衡性,个体竞技能力的非衡结构是不断变化的,受到外界条件和环境的影响与干扰,这说明了运动员竞技能力非衡结构的不稳定。如果可以消除外界干扰因素,那么就可以恢复原来的非衡结构系统状态,使非衡结构在某个稳定状态中保持较长时间,反映了个体竞技能力非衡结构的相对稳定性和动态变化性。

（2）个体竞技能力非衡结构的补偿性

个体竞技能力构成要素的发展是不均衡的,有的能力要素发展水平高,有的能力要素发展水平低,而它们之间是可以代偿弥补的,发展好的素质可以弥补弱势素质的不足。这充分体现了个体竞技能力非衡结构的补偿性特征。

个体竞技能力构成要素相互之间可以采用多种途径实现代偿弥补。进一步发展竞技能力结构中的优势因素或重点改善竞技能力结构中的弱势因素都可以促进整体竞技能力的提升。如果运动员竞技能力结构中某个能力要素发展严重滞后,那么竞技能力的整体功能就会受到严重的影响,整体功能的发挥就会受到限制。所以,强调弱势能力因素的发展在运动训练中是极为重要的。只有弥补了落后素质发展的不足,才能实现竞技能力构成因素的全面与协调发展,才能整体提升运动员的竞技能力水平,使运动员保持良好的竞技状态,在比赛中充分发挥综合竞技能力。在重点发展落后能力因素的同时,也要加强对优势能力的训练,使优势能力的功能得到更加充分发挥,从而使落后因素给竞技能力带来的负面影响从优势能力这里得到弥补,使运动员的竞技能力水平不至于因为某个因素的制约而一落千丈。

（3）竞技能力非衡结构补偿现象的普遍性

每个运动员的竞技能力结构都具有非衡性,也具有补偿性,这在运动训练中是普遍存在的现象。运动实践表明,不同运动员的竞技能力结构各有特点,不同个体的竞技能力结构有差异,虽然竞技能力的结构要素相同,但构成要素的发展水平和非衡程度不同。竞技能力结构有差异的运动员在比赛中都能取得理想的成绩,这说明不同的竞技能力结构都能使运动员取得一定的成绩,关键在于竞技能力结构中的优势能力因素要能够弥补弱势能力因素,只有发挥代偿弥补效应,才能实现提高运动成绩的目标。总之,竞技能力非衡结构的补偿现象普遍存在于每个运动员身上,因此他们才能在比赛中取得好成绩。

3.竞技能力非衡结构的补偿方式

(1)非衡补偿与平衡补偿

竞技能力结构中有的构成因素发展良好,属于优势能力因素,增强这类能力可促进竞技能力整体功能的提升,这就是竞技能力结构的非衡补偿。例如,跳高运动员助跑起跳技术好,重点发展该技术来提升整体竞技能力便属于非衡补偿。

运动员竞技能力结构中发展落后的能力因素影响竞技能力总体功能的提升,而通过提高薄弱能力可促进竞技能力总体水平的提升,这就是平衡补偿。例如,乒乓球运动员心理素质差,重点培养其心理素质则属于平衡补偿。

(2)内源性补偿与外源性补偿

有的竞技体育项目对运动员的先天遗传指标有较高的要求,如跳高运动对运动员的身高指标尤其是腿长指标的要求较高,发挥这些指标的先天优势去弥补后天发展不足的弱势能力,这就是内源性补偿。

运动员竞技能力构成因素中有的因素经过后天训练成为优势因素,而有的因素受先天遗传的影响很大,即使经过后天训练也难以有效改善,而用经过后天训练得到提升的优势能力去弥补这些提升较难的弱势能力,就属于外源性补偿。这种补偿方式在竞技能力非衡结构补偿中比较常见,而且补偿效应较为明显,有助于充分提高与发挥运动员的潜在优势能力。

(3)放大补偿与辐射补偿

有的运动员其竞技能力结构中某些因素具有绝对的优势,处于超常发展状态,这就大大提高了其整体竞技能力,但该优势因素对其他因素的影响并不明显,这就是放大补偿。

运动员竞技能力结构中优势因素的充分发挥及其积极作用的充分发挥促进了各个构成因素之间的密切联系,对其他因素的发展起到了积极的带动作用,从而促进了各构成因素的协同发展,这种补偿现象则被称为辐射补偿。

第二节　运动员竞技能力训练系统

运动员竞技能力训练系统主要由体能训练、技术训练、战术训练、心理训练以及智能训练组成。下面简要分析运动员竞技能力训练系统的这些组成要素。

一、体能训练系统

作为运动员竞技能力的基础构成因素及运动员的基本运动能力,体能具体是指以人体三大供能系统的能量代谢活动为基础,通过骨骼肌系统表现出来的运动能力。

竞技体育的最终目标是创造优异成绩,竞技体育系统中从运动选材到运动训练再到最后的运动竞赛,各个环节紧密交融,环环相扣,每个环节都要完成非常重要的任务。体能训练是运动训练环节的重要组成部分,体能训练环节的主要任务是从专项出发而对运动员的运动素质进行培养,促进运动员身体机能状况的改善,帮助运动员形成与专项需求相符的身体形态,提升运动员的综合体能水平,为运动员参与技战术训练、熟练掌握各项技战术而奠定基础,并使运动员的体能达到最佳状态,使其在比赛中充分发挥已具备的各项素质,取得优异的成绩。

竞技体育运动员的体能水平主要表现在各项运动素质上,如力量、速度、柔韧、耐力等基本运动素质以及灵敏等综合运动素质,这些也构成了运动素质的主要训练内容(图1-3)。运动员的体能不仅包括运动素质,还包括身体形态、运动机能,它们是运动素质训练与发展的重要基础条件。身体形态受遗传因素的影响很大,运动机能可通过后天训练而不断改善。因此在体能训练中不仅要重视运动素质训练,还要注重运动机能训练。

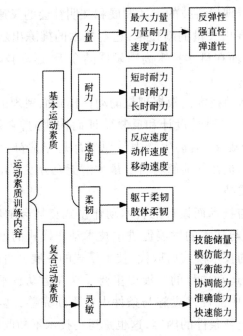

图 1-3　运动素质训练内容[①]

运动员体能的发展受到先天因素和后天因素的共同影响,为了全面培养与提升运动员的体能,需要在运动选材中注重后备人才在身体形态方面的先天遗传效应,并在运动训练过程中加强运动素质和运动机能训练,注重训练的顺序性和全面性。

二、技能训练系统

(一)运动技术训练

运动技术指的是运动员以科学准确的动作模式为参照,将机体全部能力充分发挥出来,从而将各种动作准确、有效完成的方法。在运动员竞技能力的发展中,技术能力作为其中一个重要组成部分而对竞技能力的发展水平起到决定性影响。运动员只有运动技术水平高,才能将运动素质充分发挥出来,进而将高超的运动技术展示出来,最终取得理想的

---

① 　胡亦海 . 竞技运动训练理论与方法 [M]. 北京: 人民体育出版社, 2014.

运动成绩。随着现代科技的迅猛发展和文明社会的飞速进步,世界竞技体育中不断涌现出大量的新技术,运动技术的推陈出新以技术为动力,以科学为基础,而在科学技术高速发展的今天,运动技术的未来发展空间是不可想象的。

运动员的运动技术是根据理想的动作模式而展现的,理想动作模式是由诸多专家经过科学设计和反复验证而构建的,它是非常科学的模式,与人体运动规律、运动生物力学原理都是非常符合的,所以运动技术水平高的运动员往往能够将自身最大潜能充分发挥出来,并将之转化为可观的运动成绩。

依托科学与技术而设计的技术动作模式自然会随着科技的发展而不断发展,科学与技术的发展促进了技术动作模式的创新,旧的技术模式常常会被新的技术模式所取代,技术模式的发展又直接推动了运动项目的发展,有的运动项目的发展史主要反映在运动技术的新旧交替中。另外,竞技体育中的硬件设施与条件也在不断完善,这就要求要改变技术模式中不适应新条件的内容,这也是运动技术不断改革与创新的一个客观因素,没有哪个项目的技术模式是永远不变的。

运动员竞技能力中的运动技术主要是指专项技术,运动员的技术能力也多指专项技术能力,即在训练和比赛中对专项技术加以运用的能力。专项技术是一个运动项目的核心,体育运动项目大都是从专项技术出发而对其进行划分的,因此在运动技术训练中,要加强专项技术的训练,树立专项技术训练理念,突出专项技术的重要地位,体现专项技术的各个细节,并通过加强体能训练、一般技术能力训练来提升运动员的专项技术能力。

有学者用"技能"一词来表述运动员的技术能力,而非运动技术。在传统运动训练的相关理论与资料中,"技能"一词很少被运用于关于竞技能力构成的研究与讨论中,而"运动技术"一词则被广泛应用。随着运动训练理论的丰富和训练经验的积累,一些专家指出应该用"技能"来表述运动员的技术能力,并将其作为竞技能力的构成因素之一。之所以出现这种观念,主要是因为如果用"运动技术"来表述技术能力,那么只能将技术动作的科学性、合理性体现出来,而技术的专项性和实效性则难以呈现。如果运动员很好地掌握了基本技术,但在比赛中却无法充分运用基本技术,这就说明该运动员还需要继续加强训练来提高自己的技术运用能力。而如果用"技能"替换"运动技术"来表述与强调运动员的技术能力,那么不仅意味着运动员要将运动技术熟练掌握好,还要在实战中充分而灵活地运用与发挥各项技术,要有良好的技术运用能力。可见,技能既强调技术动作的专项性,也强调实效性,同时也对不同运动员的个性技术特征予以关注。从这个分析中可以发现,专家大都是从专项技术在实践(训练、比赛)中的展示这一视角来认识"技能"的,在技能展示中运动员的技术水平、体能水平、心智能水平都能得到体现。

(二)运动战术训练

战术是指为战胜对手而在比赛前制定并在比赛中灵活运用的比赛谋略和方法。竞技能力发展到一定阶段就产生了战术能力。原始竞技体育倡导为荣誉而战,古代战争则为权利而战,战术的起源与形成与原始竞技及古代战争都有渊源。而现代科学与智慧是现代战术形成与发展的基础与动力,所以现代竞技体育的较量某种程度上也是智慧与科学的较量,这在竞技体育比赛中得到充分的体现。运动战术对比赛结果的影响越来越重要。

在体育比赛中,运动员竞技能力的发挥水平在很大程度上受到其战术能力的影响。战术的重要性在对抗类项目尤其是集体对抗类项目中能充分体现出来,在武术格斗类项目和个人隔网对抗项目中,战术的重要性也有不同程度的体现。在其他非对抗项目特别是个人项目中,战术的作用较弱一些。

在集体对抗项目中,合理安排战术不但能够使各个队员将自身的特长能力充分发挥出来,还能凝聚集体的力量,增强集体的团结作战能力,培养集体主义精神。在竞技体育比赛尤其是双方实力相近的比赛中,两支队伍都积极争取主动,一方面尽力将自身特长与优势发挥出来,用自己的特长去攻克对方的缺点,另一方面避免自身弱点被对方优点攻克,这都是需要合理的战术配合与集体行动才能达到的意图,如果团队缺乏协作能力和集体作战的意识,个人表现欲强,那么很难通过集体的协同配合去战胜对方。战术准确、合理,也有助于节约体能消耗,减少没有意义的身体活动,保存体力将力气用到有价值的地方,最终取得优异的成绩。

战术能力的强弱反映在其战术观念的先进性,个人战术意识及集体配合意识的强弱,战术理论知识的多少,所掌握战术行动的质量和数量,运用战术的针对性和有效性等方面。战术能力的发挥需要其他竞技子能力的密切配合才能充分展示,如体能、技术、心智能等,而运动员战术能力的发展与提升又对这些竞技能力要素的改善有积极的影响。可见,运动战术与其他竞技能力要素有密切的关系,尤其是与运动技术密不可分,在运动训练中要将联系紧密的能力结合起来进行综合训练,从而提升训练效率与效果。

三、运动心智训练系统

（一）运动心理训练

运动心理能力是运动员竞技能力的重要组成部分,指的是运动员与训练竞赛有关的个性心理特征以及根据训练竞赛的需要而把握和调整心理过程的能力。[1] 从运动心理能力的概念来看,运动心理包括心理过程特征和个性心理特征两方面的内容,如图 1-4 所示。

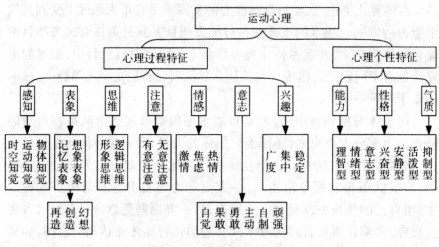

图 1-4 运动心理结构[2]

① 杨桦,李宗浩,池建.运动训练学导论 [M].北京：北京体育大学出版社,
2007.
② 胡亦海.竞技运动训练理论与方法 [M].北京：人民体育出版社,2014.

竞技运动员在训练和比赛中会表现出相应的心理特征,相关心理因素都会从中呈现出来,从这个角度来命名运动心理能力更专业和恰当。在运动员竞技能力系统中,运动心理能力既是基础因素,也是重要的动力因素,心理能力对运动员而言极其重要。体能好、技能突出的运动员如果没有好的运动心理能力,也很难取得理想的比赛成绩。有些运动员因为缺乏良好的比赛动机,参赛兴趣低下,意志力薄弱,或者一到比赛中就紧张、焦虑,所以在比赛中的表现总是无法令人满意,比赛成绩也一言难尽。可见,运动心理能力的强弱对比赛成绩的影响极为重要,其重要性不亚于体能、技能因素。运动心理能力差必然会影响体能和技能的发挥,影响综合竞技能力的发挥。

人类精神潜能具有无法预测与想象的巨大威力,随着现代科技在竞技体育中的全面深入渗透,人类在深度开发与充分运用精神潜能方面已经取得了良好的成果。要提升运动员的综合竞技能力,就必须深入开发运动员的心理能力和精神潜能,加强心理训练,使运动员将自己的优势心理能力充分运用到比赛中,从而为综合竞技能力的有效发挥提供良好的精神保障。现代竞技比赛的竞争越来越激烈,运动员心理训练和精神潜能开发也越来越受关注与重视,在运动员竞技能力提升的相关研究中,心理能力训练与提升已成为重要课题之一。

（二）运动智力训练

运动智力也是运动员竞技能力的重要组成因素之一,其指的是运动员将多学科知识尤其是体育理论知识充分运用于训练和比赛中,从而将自身已形成的综合素质充分发挥出来的能力。运动智力是人类多元智能的重要构成因素之一。

运动员在运动训练和比赛中发挥聪明才智正是其运动智能的表现,从运动员在训练比赛中表现自身智能的角度来命名运动智能是科学合理的。运动智能是建立在一般智能的基础上形成的,它与一般智能相比具有突出的专项性。运动员的智能与其从事的运动专项密切相关,是在专项训练或比赛的特定情境下表现出来的智力与能力。培养运动员的运动智能,关键是要加强专项理论教育和专项技能训练。运动员在训练、比赛的各个阶段都要善于反思、总结、积累,时刻注意提升自己的运动智能。

现代科技的发展及其在竞技体育中的深入渗透进一步丰富了竞技体育的内涵,提升了竞技体育的科学化水平,促进了竞技体育的先进化发展。现代竞技体育的发展理念不断更新,发展理论也越来越完善,竞技体育的舞台上出现了很多丰富多彩的新元素,知识体育与竞技体育不断融合,提升了竞技体育运动员的文化水平。现代竞技体育充满激烈竞争,如果运动员缺乏良好的知识素养,就难以在竞技体育新发展中占据一席之地,难以成为自己所从事项目的佼佼者。所以,竞技体育运动员既要发展体能、技能,也要发展智能,只有全面训练,全方位培养,才能整体提升运动员的竞技能力。

第三节　系统科学理论对运动员竞技能力训练的启示

一、系统科学理论

(一)系统

1.系统的概念

关于系统的概念,不同专家与学者进行了不同的界定,比较典型的界定方式有以下两种。

第一,我国系统专家钱学森指出:"系统是由相互作用和相互依赖的若干组成部分结合成的,具有特定功能的有机整体。"[①]

第二,宋建在《中国大百科全书》对系统的界定是:"按一定秩序或因果关系相互联系、相互作用和相互制约着的一组事物所构成的体系,称为系统。"[②]

从上述系统概念的界定发现,系统是一个整体,它由诸多元素按一

[①]　姜元魁.论系统论视角下的篮球运动基本规律[D].济南:山东师范大学,2003.

[②]　游贵兵.基于系统论视野下的现代排球运动战术理论研究[D].济南:山东大学,2012.

定逻辑关系和方式结合起来,随着各项元素的不断变化与调整,系统整体也不断演化发展。不同的系统有自身独特的属性、目标、价值及功能,这主要体现在其与其他系统和周围环境的互动中。

2. 系统的特征

概括而言,系统具有以下几项基本特征。

（1）整体性

系统最基本的、最主要的特征当属整体性。系统是由诸多元素结合而成的一个整体,而不是单个元素简单相加的结果。系统的整体功能比单个元素的功能更强大,任何单一元素都不具备系统的整体功能。

（2）多元性

多元性是指系统的元素数量多、有不同的性质。系统是由单个元素或部件组成的,组成系统的元素在数量上最少两个,上不封顶,如果只有一个元素,就不能称之为系统。此外,组成系统的元素必须具有不同的性质,如果所有元素都是同一性质的事物,那么即使元素再多,也不能构成系统。

（3）有序性

有序性是指系统结构有序。系统结构的有序性是在系统全局范围内而言的,在系统范围内系统各元素在结构上有序排列或组合,它反映的是系统各元素或各部件之间的关系。组成系统的所有元素或部件是一个个独立的个体,本来是分散的,而组成系统之后,不同元素之间建立了联系,并相互影响。系统结构的有序性在一定时期内是相对稳定的。

（4）时空与功能的有限性

系统的构成元素中,有些特殊元素处在边界上,它们对系统的存在、演变及运作有着重要的影响。每个系统都有自己的特征尺度和特征时间,特征尺度与系统存在的特殊空间范围有一定的关联。

3. 系统的组成

系统是由不同层次、不同性质的元素组成的一个整体结构,系统组成元素是研究系统结构与系统整体性的主要着眼点。系统的组成元素有哪些,哪些是基本元素,哪些是主要元素,哪些是次要元素,这都是在系统结构研究中要弄清的问题。

从系统这个整体来看,系统决定了其各组成元素的属性及功能。任何一个元素的变动又会使整个系统的运作发生变化,元素对系统的影响可以用"牵一发而动全身"来说明。元素的基本属性决定了其在系统中发挥的作用,不同性质的元素在系统中各自发挥着不同的作用,系统中任何一个元素的作用都是必不可少、不可替代的。倘若某个元素的作用对系统整体没有影响,可以被替代,那么该元素就没有存在的意义了,应该从系统中清除这类没有价值的元素。

系统的组成元素多种多样,有些元素在很大程度上影响着系统整体的性质与功能,甚至起决定性影响,我们将这些主导性的关键元素称为系统的"要素"。什么样的元素可以成为系统的要素,要根据元素所能发挥的作用及其对系统整体的影响程度来判断。不同元素对系统的重要性都是相对而言的,元素和要素能够相互转化,对系统有重要意义的元素可以转化为要素,而当系统的结构、性质或其与周围环境的关系发生变化后,原来的要素也可能重新成为普通的元素,而原来的普通元素转化为要素。

(二)系统论

系统论是马克思主义哲学在系统科学领域的具体化,在系统科学领域发挥着世界观和方法论的作用。系统论是人们从哲学视角理解与概括系统基本原理和方法后形成的观点体系,它既有相对独立性,又包含在系统科学体系中。

系统论揭示了世界的系统整体性,并认为系统整体性是世界统一性的表现形式之一。系统论从系统及其结构、层次与功能等方面的统一性这一角度回答了世界是什么、怎么样的问题,并进一步揭示了世界的统一性还表现为世界的演化发展等诸多现象。系统是系统科学的中心概念,是构造系统论的最基本、最重要的范畴。系统概念浓缩了系统论的精华,是系统论的精髓和内核。

二、系统科学理论指导下运动员竞技能力的科学训练

（一）树立系统训练理念

系统论要求在竞技能力训练中对整个训练过程、各个训练阶段、各项训练内容以及各种训练方法进行科学、合理、高效的安排。竞技能力训练本身是比较复杂的系统,涉及体能、心理、技战术、智能等诸多素质的训练,所以必须从整体视角出发有计划地设计与规划,明确目标,合理布局,提高全局效果。在制订训练计划时,要保证定量分析的精确性,合理安排训练顺序与各部分内容的比例,并提出训练要求。

竞技能力训练是有组织、有目的、有计划的训练过程,是从数量积累过渡到质量提升的过程,是在反复不断的实践中形成自动控制训练模式的过程,在整个过程中要做好对各项训练因素的规划与管理。

运动员的选拔、培养、训练与发展是一个复杂的过程,教练员必须树立系统观、整体观和全局观,从整体的角度思考如何培养优秀的运动员,如何提高运动员的运动能力和比赛能力,如何使运动员获得可持续发展,并在高水平赛事中不断取得新的突破。从整体视角出发思考这些问题,加强宏观管理与调控,从微观着手各项训练与培养工作,从而促进运动员的长远发展。

（二）确定训练系统,制订训练计划

在系统论指导下开展竞技能力训练工作,要从运动员的运动能力、体能素质、技战术水平以及个体差异出发,并结合专项特征和预期训练年限而将训练系统确定下来,并制订科学可行的长远训练计划及各阶段训练计划,在每次训练课中合理安排训练内容、采取有效训练方法,逐步落实各项计划,实现阶段目标。

运动训练系统由诸多子系统构成,只有合理排列各个子系统,才能使整个系统的发展达到最佳效果。从运动技能训练的一般规律出发,在竞技能力训练中应该先安排体能训练,再进行技术和战术训练,技战术

训练要结合实战进行。心理和智能训练要贯穿在其他子系统中。

(三)有效处理各系统之间的关系

竞技能力训练系统中各子系统之间以及子系统中各要素之间都是密切联系、相互作用的。因此,在竞技能力训练中要兼顾每个子系统,可以有所侧重,但不能忽略任何一个子系统,要促进各系统的协同运作与共同发展,从而全面提升运动员的体能素质、技战术能力以及心智能水平,并强化运动员的思想作风与体育精神,培养全面发展的优秀运动员。

(四)正确处理训练与比赛的关系

比赛是彰显运动员竞技能力的窗口,是检验运动员训练效果的重要手段。对运动员而言,进行竞技能力训练的最终目的就是提高比赛能力,在比赛中有好的发展,取得优异成绩。优秀运动员在比赛中的所有突出表现以及最终取得的胜利是长期坚持训练的结果,没有系统的训练,就没有比赛的胜利。

需要注意的是,运动训练成绩和比赛结果之间不能画等号,运动员在比赛中的表现和最终的比赛结果除了受自身运动技能因素影响外,还受到团队协作、对手实力、周围环境等因素的影响。因此,运动员要在比赛中取得好成绩,既要加强全面系统的训练,保持最佳竞技状态,集体项目还要求运动员重视与队友的配合,并提升自己的临场应对能力以及环境适应能力,这些都应该作为日常训练的内容,这样才能将运动员的运动技能转化为团队集体比赛的能力。

第四节　运动训练创新理论

一、运动训练创新概述

（一）运动训练创新的概念

运动训练是指为全面提高运动员的竞技能力，使运动员创造优异的运动成绩而有针对性地进行的体育实践活动。运动训练创新是指为提高运动员的竞技能力和竞争优势而进行的改变主体认识、变革训练管理制度以及开发新技术等一系列活动的综合过程。[①]

创新是事物持续发展的动力，运动训练的发展离不开创新，只有不断创新，才能不断实现训练成绩与比赛成绩的突破，才能使运动员获得长远的发展。

（二）运动训练创新的特点

运动训练创新具有以下几项基本特征。

1. 运动训练认识创新的持续性

在运动训练创新系统中，居于核心地位的是主体的认识创新，创新主体不断增加知识存储量、不断优化知识结构是实现认识创新的重要条件。创新主体不断学习与掌握新知识，丰富知识储备量，提高自我认识水平，并自觉优化知识结构，加强外部知识拓展，建立内部知识与外部知识的连接渠道，进而实现认识的创新。

教练员作为运动训练创新主体之一，只有不断丰富自己的专业知识，优化知识结构，才能准确、深刻地把握运动项目的本质特征、训练成

---

① 　刘钦龙.运动训练创新理论研究[D].北京：北京体育大学，2007.

绩影响因素以及制胜规律之间的联系,进而更好地制订专项训练计划,对训练内容、训练方法做出最佳选择,进行最优搭配,从而促进训练效率与质量的提高。教练员主体认识的创新以及创新能力的不断提升是运动训练持续创新的重要条件。

2. 运动训练创新的集群性

运动训练创新形态具有在一定时空内成群出现的特征,这就是运动训练创新的集群性。下面具体从时间与空间两个维度来理解运动训练创新的集群性特征。

(1)时间维度

在体育比赛之前,运动训练过程、训练制度的创新往往是集中出现的,目的是提高比赛成绩;在比赛结束后,运动主体的认识创新与技术创新常常会集中出现,目的是通过改变训练思维和采用新技术而争取下次比赛的优异成绩。这反映了运动训练创新在时间维度上的集群性。

(2)空间维度

某项体育项目专业教练员或运动员训练理念或技战术的创新可能会启发其他项目教练员或运动员的训练理念与技战术创新。或者,某个项目中个别教练员或运动员的训练理念创新引发其他训练主体的思维创新和技术创新,这是运动训练创新的集群性在空间维度上的体现。

3. 运动训练创新结果的实效性

将新的训练观点、训练方法以及新技术引入运动训练中,从而取得了良好的训练效果,这就是运动训练创新结果的实效性。如果新的训练理念、训练方法或新的技术运用到运动训练过程中后提升了运动训练系统功能,提高了运动员的运动能力和竞技水平,那么就说明运动训练创新取得了成功,并从训练结果中得到了体现。

运动训练创新的效果如何,主要看采用新思想、新方法、新技术之后训练结果如何,可见训练结果的实效性是一个主要衡量标准。判断训练效果时,主要从以下三个方面着手:

第一,运动员的运动能力是否得到提高。

第二,运动训练的效益是否得到提高,即是否通过减少训练投入或缩短训练时间而达到与之前相同或超过之前的训练效果。

第三,运动员和教练员的专项素质是否得到提高,关键是运动员的体能和技战术能力是否得到提高；教练员的执教与管理经验是否有效积累以及专业执教能力是否提高。

运动训练创新一旦取得成功，将加速促进运动员和整个团队竞技实力的提高，并在一定时期内表现为训练主体素质提升、训练效益提高以及训练成绩增长。

二、运动训练创新理论下运动员竞技能力训练的创新

（一）学习专项训练理论，树立创新观念

我国竞技体育实力与体育强国相比还有一定的差距，这与我国运动训练指导思想、训练方法以及专项理论发展滞后有直接的关系。对此，我们要主动学习与借鉴国外的先进训练理论和训练方法，并根据竞技能力训练规律，结合我国国情和各项目发展现状而进行有目的性、方向性的学习，在学习过程中要注意理论方法的创新，敢于创新，不断推陈出新，掌握最前沿的理论和最先进的方法。

运动训练创新是一个循序渐进的过程，短时期内难以实现质的飞跃，教练员和运动员都要积极思考，勇敢探索和创新，从每次训练课、每个训练方法着手创新，达到通过创新而提高训练效益的目标。

此外，在运动训练创新中要不断继承前人的创新成果和成功经验，在此基础上继续将训练引向新的创新道路上。各类创新主体还要加强交流与合作，分享创新体验与心得，共享创新资源，共同推进我国运动训练的创新和竞技体育运动水平的提升。

（二）运用多学科知识，提高训练的科学性

随着现代科学知识在运动训练领域的不断渗透，竞技体育运动的发展对学科知识应用提出了更高的要求，需要在运动训练研究中从训练学、生理学、生物力学、心理学、信息学等多学科出发进行交叉研究，只有综合运用多学科理论知识，提高科研技术含量，增强科研队伍的专业能力，才能有效提高我国竞技体育水平和运动员的竞技实力。

（三）正确认识全面训练和专项训练

在运动员竞技能力训练中，教练员要充分认识全面训练和专项训练的特点、作用和优势，实现从全面训练到专项训练的合理转化。在全面训练阶段，关键要打好基础，然后及时进行专项训练，根据运动员的个体差异进行"因材施教"，使每个运动员的潜能得到最大化激发，优势得到最大化发挥，这样才能使一个团队保持良好的竞争力，在高水平比赛中取得好成绩。

（四）提高教练员的执教能力

运动训练的发展乃至整个竞技体育事业的发展在很大程度上受到教练员的影响，包括基层教练员、俱乐部教练员以及国家队和地方队教练员。教练员是落实训练理念、实施训练计划的重要组织者与指导者，因而必须重视对教练员这一创新主体的培养，具体可以从以下几方面落实培养工作。

第一，给予教练员一定的待遇和人文关怀，使其下定决心踏实工作，努力向上，自主创新。

第二，对教练员选聘制度进行改革，并从国外引进高水平教练员，学习和借鉴国外运动训练的经验、理念与方法，加强我国教练员与国外优秀教练员的交流，促进我国教练员的成长。

第三，组织教练员学习交流和出国深造，严格落实教练员考核制度，提高教练员的执教水平。

第四，采取上下结合、长期与短期、分散与集中、"送出去、请进来"等方式培养复合型教练员人才，提高教练员培训质量。

第二章

运动训练理论指导与科学保障

　　运动训练理论是一切运动训练的基础,无论什么运动项目,都必须建立在科学理论的指导下进行。本章将从运动训练的理论基础、运动训练的原则与方法、运动训练的科学管理、运动训练的医务监督以及运动训练指导员的专业技能培育与发展等几个方面展开研究。

第一节　运动训练的理论基础

一、适应理论

20世纪50年代，加拿大内分泌学家、心理学家塞尔耶首次提出了"应激""适应"等概念。"应激"指由压力或刺激引起的不适感，这种不适感可以是身体上的，也可以是精神上的；"适应"指生物的形态或生理功能对所处的环境相适合的情况。有机体对环境中的各种刺激（例如，感染、中毒、疲劳、失血等各种因素）会发生不同的反应，其反应有特异性，也有一定的共性。塞尔耶将这种具有一定共性的非特异性反应称为"应激"或"压力"，将引发应激反应的刺激源称之为"应激源"。

随后，在20世纪70年代，塞尔耶又创造性地提出了"局部适应"的概念，有机体的一些器官或功能能够在一定的条件下发生局部适应。局部适应理论的提出使得优先发展某器官的机能成为可能。

1980年，首次将适应理论运用于体育训练之中，将应激反应看作适应形成的必要条件，从而改善特定系统的适应能力。在运动训练这一领域中，适应理论将训练负荷看作是"应激源"，强调只有有效的刺激（训练负荷），才能产生应有的训练效果，有机体的能力会在负荷刺激的影响下产生波动。在中枢神经系统的调节下，有机体面对负荷刺激会表现出一个适应的过程，不断协调有机体的不同器官和系统，培养出一定的协作机能，产生良好的训练效果。但如果外界刺激超过有机体神经系统所能承受的范围，则会对有机体带来较为严重的负面影响。

应激与适应都是一种生命机能变化的常见现象，在竞技运动中，适应通常指有机体对运动训练的适应，教练员必须合理选择与设计运动训练负荷，促进有机体的发展。有机体在接受训练负荷产生运动疲劳后，维持训练负荷，在训练水平不断提升的过程中有机体的能力得到提升，从而达到新的平衡状态。

二、超量恢复理论

超量恢复理论关注于运动过程中以及运动后人体能量物质的消耗与恢复过程,此理论得出了以下重要的研究成果。

(1)在中等强度的刺激下,运动刺激强度的增大会导致肌糖原消耗量的增加。

(2)人体在运动后的恢复期中,存在一个特殊的时期——超量恢复阶段。在此阶段中,被消耗的物质在一定程度上超过了原来的数量。

(3)在超量恢复阶段中,运动的消耗过程影响着恢复期内超量恢复的数量,包括肌肉蛋白质、肌红蛋白、磷脂等物质的具体含量。通常情况下,越多的运动消耗会产生越明显的超量恢复效果。

超量恢复理论让人们意识到人体在运动过程中体内不同物质的消耗速率、恢复速率存在较大差异,与此同时,不同项目对能源物质的要求也不相同。因此,在运动训练过程中需要合理把控训练强度、训练时间,选择休息时间。超量恢复理论成为教练员、运动员选择科学的训练间歇时间的重要依据。

超量恢复理论认为:在运动训练后恢复期的某段时间(即超量恢复阶段),人体物质能量的储备会超过运动前的储备,因此,在此阶段开展新一轮的训练,会收获更加明显的效果,快速提升机体的工作能力,使人体的机能水平不断提高。若两次训练间隔的时间太长或太短,都难以使训练达到最佳效果。

第二节　运动训练的原则与方法

掌握了运动训练的理论之后,接下来要学习的是运动训练的原则和方法。运动训练原则是指导任何运动训练的重要指导思想,而训练方法是经过科学验证的、可操作的训练方式与手段。

一、运动训练的基本原则

（一）竞技需要原则

1.竞技需要原则的含义

竞技需要原则是指从真实比赛出发,以比赛的标准和要求作为训练的标准和要求,开展对运动员的竞技能力的训练和提高,通过科学安排训练计划、训练内容,以及训练手段、训练负荷等,可以明显提高训练效果,完成训练目标。竞技需要原则是先进的训练原则,相比于传统的被动式训练,运动员的竞技能力得到明显提升,体现了现代竞技体育训练的针对性和实战性,是现代竞技运动训练的主要指导原则。

2.竞技需要原则的依据

（1）训练目标的竞技需要

训练目标是训练行为的方向,也是训练行为的终点。运动员的一切训练行为都是为了某个目标做出的努力,因此,在任何训练行为发生之前,都要先明确训练目标。如果没有目标,行动是散乱的、无序的,最终也是徒劳的。因此,竞技需要原则是依据一定的目标而发展出来的。竞技体育的目标就是比赛和竞技,无论什么项目,最终都要向着比赛这一终极目标前进。每一个运动员的目标都是参加比赛,进入更高级别的竞技赛场。

（2）专项竞技的特异性

不同的运动项目对运动员的竞技能力有不同的要求。因此,在进行专项竞技项目的训练时,首先要全面、深入地认识本项目的竞技能力要求和特点,了解自身所具备的能力水平哪些方面有优势,哪些方面需要尽快提高,只有这样,才能做到准确地选择与专项竞技需要相符合的训练,从而对训练内容、训练手段及训练负荷有非常明确科学的认识,可以提高训练的有效地和针对性,争取在最短的时间内达到所要达到的能力水平。假如忽略专项竞技的需要,盲目地进行全面训练,往往会事倍功半,花费巨大的精力却效果甚微,会打击运动员的自信心和积极性。

（3）现代训练的专项化发展趋向

现代竞技运动越发的激烈,对抗性越来越强,这为竞技运动的发展带来了动力,不断推进各个项目的水平,使现代竞技赛事更加精彩和激动人心。但这同时也具有一定的负面影响,对于运动员而言,则意味着必须加强专项训练和提高专项能力。即便是少年儿童的早期基础训练阶段,也同样具有明确的专项竞技的导向,这些都是在竞技需要原则指导下发展起来的。

（二）动机激励原则

1. 动机激励原则的含义

动机激励原则是指通过有效激发运动员的主动性,提高其自觉进行艰苦训练的动机和行为的训练原则。这一原则通过各种方式和途径,试图启发运动员的训练积极性和主动性,提高其内驱力,从而能够独立、自主、创造性进行刻苦训练,并能够在训练过程中进行自我调控、自我疏导,做积极归因,从而能完成长期的、艰苦的训练,并表现得非常高效和充满动力。

2. 动机激励原则的依据

（1）成功动机是重要的原动力

动机激励原则是竞技体育比赛和训练中的重要指导原则。每个运动员都渴望获得成功,在世界竞技舞台上获得认可,这是绝大多数运动员的内在愿望,也是他们的内在动力。对于运动员而言,渴望奖牌与成功是推动他们进行艰苦训练的强大内驱力。正是因为这些美好的愿望和成功的愿景激励和鼓舞着运动员,他们才得以日复一日进行艰苦的训练,并在面对各种挫败、伤病时,仍然能够迅速地调整心态,恢复积极的心理状态。运动员之所以能自觉克服重重困难,就是因为具有强烈的成功动机。

（2）持续激励是保持斗志的最佳方式

运动员日常训练的艰苦程度往往是超出常人的想象的,而且竞技体育都是从青少年甚至是儿童期就开始训练的,在他们年龄尚小的时候,尤其需要教练的持续激励,才能保持运动员的斗志。即使是这样,长期的刻苦训练往往让运动员承受着巨大的心理负荷与生理负荷。其中包括不断困扰运动员的伤病、竞技水平发展的瓶颈期、竞争压力、未来的不确定感等，都对运动员的心理和生理带来极大的挑战，会使运动员感到挫败与退缩，甚至失去信心直至放弃。因此，要不断地激励运动员对自己、对未来保持信心。另外，对于运动员来说，最好的激励其实是得到满意的成绩，因为成就是莫大的鼓舞，是继续前行的巨大动力。因此，除了需要教练持续地激励运动员，给他们正向引导和积极反馈，帮助运动员保持斗志和雄心之外，让运动员每年或者每个赛季参加一些适当的比赛，当获得令他们自己满意的成绩之后，这种激励会更加持久，更加有力量。如果保持这两方面的激励，那么运动员就能够较好地保持斗志和最佳的训练状态，并一步步走向竞技生涯的高峰。

（三）系统训练原则

1. 系统训练原则的含义

系统训练原则是指持续地、循序渐进地组织运动训练过程的训练原则。这一原则的确立与运动训练过程的连续性和阶段性的基本特性密切相关。它一方面指出长时间、持续地进行训练是运动获得发展和提高运动技能的唯一途径，同时也强调，这一训练过程必须循序渐进地，而非突变式地增加训练负荷，才能取得理想的训练效果。

2. 系统训练原则的依据

（1）人体生物适应的长期性

人体是一个非常复杂、精确、神秘又高效的系统，体育运动和训练必须以遵循人体的系统特征为前提而进行，只有充分认识和了解了人体的生物特性，以及不同个体的差异，在这样的基础上进行训练，才是科学的和有效的。另外，系统的、持续的变化和提高也是事物发展的一般规律，运动训练要想取得理想的效果需要符合客观规律的要求来进行。人体对训练负荷的生物适应是通过有机体大到各个系统、各个器官，小到每一条肌肉乃至每个细胞的逐步适应和变化，从而一点点地实现提高。运动员的竞技能力的提高涉及多种能力、多种因素的共同促成，而这些改变也是通过系统的方式进行的。人体每一项机能的适应性改造都不是轻易完成的，它们都需要一定的时间逐渐地适应和改变，也就是说，短期的突发行为并不能产生适应和改变的作用。在竞技运动项目中，无论是什么项目，要提高运动员的竞技能力，必须通过人体内部的适应性改造才能实现，即必须经过一段时间的连续训练。适合人体生物适应规律的训练，能够使运动员在生物学方面发生有益的变化。因此有些运动员的培养需要几年甚至十几年的时间才能完成，而不是一朝一夕所能实现的。

（2）训练效应在持续中加强

在了解了生物适应和改变的特性之后，我们知道，无论是体能、技能、战术能力还是运动智能，以及运动员的心理能力，都一直处于变化的过程中，具有不稳定的特点，其效应都是在持续训练中逐步得到加强的。要想持续地得到发展和提高，那么必须在持续的、系统的训练下才能实现。因此，如果训练的系统性和连续性遭到破坏，那么前期经过训练已经获得的训练效应，会因为间断或者停顿而消退甚至完全丧失。这就要求运动员必须保持自己的训练不被干扰、不间断，且符合系统训练的强度和难度要求。这是因为，在训练中获得的技能的提高，对应的是运动员神经系统的相关中枢神经建立起暂时性的联系，还相当地不牢固，甚至可以说是非常脆弱的，如果想稳定提高，需要持续地、经常地、反复地强化，让暂时联系变为稳固联系，那么体现在技能上就是能够稳定地发挥水平，而不会轻易消退。

（3）人体生物适应的阶段性

系统训练原则的另一依据是对人体生物发展规律的适应。根据人体科学、人体医学及生物学的相关理论的研究，发现人体的生物适应过程不是直线地发生的，而是分阶段进行的。例如，在一次训练后，机体对这次训练负荷的反应是一个连续的过程，先后分别是工作、疲劳、恢复、超量恢复和训练效应消失等几个阶段。当前的竞技体育已经发展得相当成熟，一般来说，运动员的训练都是遵循和利用这些阶段特征而进行的，在多种先进科学设备的辅助下，通过对各项生理指标的检测和观察，能够非常准确地掌握机体目前的承受能力、适应能力以及反应能力等，教练员可以根据这些反馈调整训练的强度和负荷，令训练更具可控性，更符合人体的生物适应能力等，从而可以获得更好的训练效果。并且，教练员还可以利用先进的检测设备，准备把握运动员机体正处于哪个阶段，然后根据不同阶段的需要安排训练。通过这样科学严谨的训练之后,比如几个月甚至一年的时间,运动员的机体和技能逐渐得到发展,并且也得到加强和稳定,从而达到了预期的效果。

（四）周期安排原则

1.周期安排原则的含义

周期安排原则是指周期性地组织运动训练的原则。运动员的机体具有一定的生物节奏,用比较通俗的话理解就是有时状态好或者状态不好,它具有一定的生物节奏。而运动员竞技状态的形成与发展都同样具有周期性和节奏规律。在训练的过程中,要遵循这样的原则而进行组织安排,如果忽视机体状态的规律性,并不能带来训练效果的提高,相反还会影响正常的训练进程。

2.周期安排原则的依据

（1）周期性是事物发展的普遍规律

周期性规律是客观世界普遍存在的规律,事物的发展规律都遵循着循序渐进、周而复始的特点,尽管各自的周期长短不一,但是周期性特征是普遍存在的。在竞技体育领域,运动员的技能发展,都是按照周期性原则而进行训练和提高的。这种周期性的运动在不停歇地发展变化中,每个往复、每个循环都不会完全相同。每一个新的运动周期都有新的发展和变化,产生新的突破或者进展,它近似一种螺旋式地上升。运动训练的周期性就是遵循事物发展的这一规律而进行,它是由事物的发展普遍规律决定的。

（2）周期性是人体能力变化的特征

人体竞技能力的提高也是典型的周期性发展的。运动员之所以要进行长达数年至十几年的长期的、系统的训练,就是因为运动技能的提高是一个循序渐进的过程,在运动训练的过程中要循序渐进地增加难度和负荷,持续地训练是为了获得稳定的运动技能,但是技能的增长也是以周期性的形式发生的。比如在一次负荷下,机体开始工作,产生疲劳,负荷解除,超量恢复,再次给予负荷,然后开始工作,疲劳……就是在这样的周期循环中,运动员的能力得到稳定提高。如果增加新的负荷,那么就进入了一个新的负荷周期。运动员就是在这样的训练过程中,通过有计划、有规律的提高训练难度或者复杂度,从而实现机体能力的不断提高,运动竞技状态不断地得到发展,直至进入运动员的巅峰期。通过积极恢复,心理疲劳和生理疲劳都消除之后,再进行竞技能力发展,促进竞技状态的再次形成,开始新的训练周期。

(五)适宜负荷原则

1.适宜负荷原则的含义

在竞技体育中,对运动负荷的把握是训练的核心,也是训练的难点。在增加负荷的时候,需要遵循人体的基本发展规律,以及运动员个体的特性情况,选择适宜的负荷进行训练,就是适宜负荷原则。提高运动员竞技能力的目标任务和给予负荷都应该以适宜为原则。适宜意味着训练目标不能脱离实际,训练负荷不能过大或者过小,负荷过小无法引起机体必要的应激反应,若过度负荷又会出现劣变反应。

2.适宜负荷原则的依据

(1)机体的生物适应现象

机体的应激以及适应变化,会保持在一个适度的范围内。在这一范围内,负荷的量度越大,对机体的刺激越深,所引起的应激越强烈,机体相应变化也就越明显,自然竞技能力的提高也越加明显。

(2)过度负荷带来劣变现象

如果负荷控制不得当,比如增加的负荷过大,远远超过了人体此时的接受能力,那么反而会带来负面作用。也就是说,运动负荷的量度并非越大越好,这是因为,机体的生物适应现象只发生在适宜的条件下,也就是负荷适宜、方法适宜等,如果负荷超过了机体的承受范围,会直接给机体带来损伤,即产生劣变现象。需要注意的是,过度负荷不仅仅是指生理方面,也包括生物体的心理方面。无论是过度的生理负荷,还是过度的心理负荷,都会引起机体的不适应的症候。而且,心理不适应和生理不适应的反应不是分别割裂的,某些症候是复合的,比如过度的生理负荷也会引起慢性肠功能紊乱、鼻塞和发冷等症状,还有人会出现皮疹、失眠、疲惫不堪等。总之,常见的不适应症候包括慢性体重下降、非受伤引起的关节及肌肉疼痛、扁桃体及腹股沟淋巴结肿大、肤色改变、肌肉紧张等。这时候应该让运动员充分地休息,采取一些措施做积极恢复,否则很可能会对运动员的机体造成严重破坏,比如健康状况和体能的明显下降,使运动创伤增加,甚至造成灾难性的后果,导致过早地结束了运动生涯。因此,在训练实践中要注意采用适宜负荷,避免运动员机体的劣变现象发生。

（六）区别对待原则

1. 区别对待原则的含义

区别对待原则也是常见的训练原则,它指的是在训练过程中,需要以人为本,对不同运动员、不同专项或不同的训练状态、不同训练任务,都应该进行区别对待,目的是争取让每个人都能在最佳状态上进行训练,从而更容易得到最佳训练效果。在制定训练目标、选择训练内容、安排训练负荷的时候,主要是依据区别对待原则而进行。并且,即便是同一个运动员,在不同的时间也会有不同的状态,因此,如果僵硬地保持一种训练方法或者训练负荷,那就不是科学训练的方法,也会明显影响训练效果。

2. 区别对待原则的依据

（1）运动专项竞技需要的多样性

区别对待原则首先是源于对不同项目的研究,不同运动项目,对运动员的要求具有很大的差异性,不同专项运动员的竞技能力是千差万别的。因此不同项目的专项训练其目的和内容均不相同,应实施区别对待。

（2）运动员个人特点的多样性

每个个体都是独一无二的,每一位运动员也同样具有各自独特的身体条件、基础条件以及个性的不同,要想挖掘和发挥他们的最大潜能,就需要遵循区别对待原则。

（七）自觉性原则

1.自觉性原则的含义

自觉性原则是指在训练过程中运动员应自觉遵守教练员的指导和安排,并且具有一定的自律意识,能够相对自觉、主动地练习和运用有关运动技能技巧。同时,自觉体会训练的目的,将训练目的与技术动作以及运动技能有机联系,从而提高了对动作的理解,以及对运动技能的加强。同时,对于已经成年或者已经具备较为丰富的训练知识的运动员,应自觉地参与规划和制订训练计划,主动与教练提出自己的训练诉求和训练计划,以及希望对即将到来的比赛做出哪些具体的准备。自觉性原则是一名成熟运动员应该内化在自身思想意识中的一种认识。对持续地、顺利地进行训练具有积极意义。

2.自觉性原则理论依据

（1）自觉性原则其实就是充分发挥运动员的主观能动性,因为运动员始终是训练的主体,是技能的接受者。因此,运动员应当有意识、有责任承担起运动训练的主体责任。事物的发展,外因只是变化的条件,内因才是变化的根本,而运动员的自觉训练才是真正长久地、有效地完成训练的根本前提。

（2）自觉性的另外一个依据是运动员对所从事项目的热爱,对训练目的、训练意义和训练作用的主动认可和接受。也就是说,当运动员对所从事的项目具有正确的理解时,对自身从事的运动项目具有一定的归属感和认同感的时候,就会激发出训练和比赛的积极情绪。

二、运动训练的基本方法

（一）分解训练法

分解训练法是指将完整的技术动作或战术配合过程合理地分成若干环节或部分,然后再分别进行训练的方法。分解训练法中递进分解训练法的运用较为普遍。递进分解训练法是指把训练内容分成若干部分，每一部分的训练都按照递进的顺序进行，比如先训练第一部分，只有在掌握之后才可以训练第二部分，然后将前两部分合成起来再训练，再掌握之后才开始训练第三部分，以此类推，逐步逐级地进行下去，如此递进式地训练，直至完整地掌握技术或战术。该方法对练习内容各个环节的练习顺序没有特别刻意的要求，但是对相邻环节的衔接部分则非常重视，有专门的要求，必须将相邻的衔接部分掌握稳定才能进行下一步的训练。

（二）完整训练法

完整训练法是指完整地进行训练的方法，无论是技术动作还是战术配合，不会进行分解，而是按照原有的结构一气呵成地完成全部训练。

（三）持续训练法

持续训练法顾名思义，就是让训练的时间保持一定的连续性，同时负荷强度较低，中间没有间断地连续进行训练的一种训练方法。持续训练法尤其适合一般耐力素质的训练，另外，对于负荷强度不高但是过程较为细腻、讲求微妙的技巧变化的技术动作也非常适用。

（四）变换训练法

变换训练法是指在保证训练目标不变的前提下，通过调节运动负荷、训练内容、训练形式等训练因素，以变换的方式实现提高运动员的训练积极性和训练热情，同时增加了训练的趣味性和灵活性，减轻训练的枯燥乏味，从而能够更好地调动运动员的主观训练需求。另外，竞技比赛本身就是充满了未知和不确定因素。因此，在日常的训练中，通过变换训练方法、加强训练难度，使运动员能够主动地适应正式比赛的节奏和氛围，比如可以体会比赛中的复杂性、激烈性，以及技术的变异性、战术的变化性等特点进行有针对性的训练。

（五）比赛训练法

比赛训练法是指在近似、模拟比赛条件下，按照比赛的规则和方式进行训练的训练方法。利用人性中的竞争意识和表现意识，比赛训练法可以提高训练质量，从而提高竞技能力。

第三节　运动训练的科学管理

运动技能训练是一个动态变化的复杂系统和创新过程，并且会受到诸多因素的影响，因此要系统地进行技能训练，提高训练成绩和运动员的竞技能力，就必须加强对训练的科学管理，将科学严谨的管理贯穿于运动技能训练的全过程，为达到理想的训练目标提供坚实的保障。

一、运动训练管理的含义

运动训练是以教练员、管理者和科研人员等构成的运动训练实施者对运动员进行生理学、心理学和社会学系统改造的过程。运动训练管理则是对这种改造过程的管理，是指管理者为实现运动训练目标，遵循运动训练客观规律，对运动训练系统进行计划、组织、控制以及协调的综合活动过程。

第一，运动训练目标是运动训练管理的出发点，同时也是管理的归宿。

第二，运动训练管理者必须遵循运动训练的基本规律来开展管理工作。

第三，运动训练管理是一项综合活动过程，包含对训练过程的计划、组织、控制以及监督等活动。

二、运动训练管理的系统要素

运动训练管理系统由管理者、管理对象、管理环境以及信息四个要素组成,下面展开具体分析。

(一)管理者

在运动训练管理系统中,管理者作为系统运行的主导者和指挥者居于举足轻重的地位,管理者是管理系统的代表者、系统运行能力的体现者。管理者以决策为核心职能,计划、组织、监督、控制等是管理者开展管理工作时的具体职能活动,而这些都体现在决策中。运动训练管理者必须深入理解和正确把握运动训练及管理的基本规律,具备良好的决策和管理能力。

(二)管理对象

运动训练管理系统以"人"为主要管理对象,主要包括教练员、运动员及其他相关人员。运动训练主要是对"人"的改造,从根本上来看,运动训练过程就是系统改造运动员各方面能力的过程,因此运动训练管理系统将"人"作为最基本、最主要的管理对象。

在运动训练管理中,对教练员、运动员思想和行为的管理必须给予高度重视,同时要对管理对象与管理环境的相互作用进行深入分析、准确把握,通过科学管理而挖掘一批优秀的体育人力资源。

(三)管理环境

运动训练管理系统中还包括复杂的管理环境,其主要内容见表2-1。

表 2-1　运动训练管理环境的内容[①]

管理环境内容	具体内容
财物保障	财务
	场地器材
	生活服务
科学指导	诊断
	咨询
医学监督	营养
	医务
	恢复
管理制度	生活管理制度
	岗位责任制
	会议制度等
项目布局	项目合理布局
	项目管理体制
文化教育	思想政治教育
	文化学习

（四）信息

运动训练管理系统内部和外部的各种相互作用或联系统称为信息，具体包括内部信息和外部信息，这里的内部信息是指教练员与运动员之间的相互作用和联系；外部信息是指训练系统与外部环境的相互作用与联系。

通过对内部信息和外部信息的有效管理，可以对运动训练产生加强作用和必要的约束作用。

① 孙登科.运动训练学[M].北京：北京体育大学出版社，2006.

三、运动训练管理的原理

（一）系统原理

系统原理是运动训练管理的基础原理之一,将系统理论运用到运动训练管理中,要求将运动训练管理作为一个整体的系统看待,对系统的基本运行规律要从整体上把握,系统分析和优化各方面的管理问题,并以管理目标和动态变化的管理环境等为依据对系统的运行及时调整和控制,最终促进管理目标的顺利实现。基于系统原理的运动训练管理是将管理组织作为开放性的社会系统而开展管理工作,管理组织不仅具有一般的系统特征,还具有目的性、集合性和适应性。

1. 目的性

管理组织的目的性是具有代表性的一项特征,管理组织不可能脱离目的性而形成,无论哪种类型的管理组织,其都是鲜明而独特的,这是管理组织存在的重要前提。

2. 集合性

任何一个组织的构成都至少包含两个人,社会系统的形成是建立在人际关系和群体关系基础上的。所以,运动训练管理组织系统是一个由诸多因素及各因素内在关系而组成的集合。

3. 适应性

运动训练管理组织要主动适应生存环境,随环境变化灵活调整结构,如果与环境格格不入,无法适应环境,将会走向消亡。管理组织不仅要主动适应环境,还要能动地对环境进行改造,但改造环境必须建立在适应环境的基础之上。

（二）人本原理

人本原理是运动训练管理的重要原理,是从管理角度认识与探讨人的本质属性的科学理论。人本原理的形成与发展经历了漫长的过程,是在深入探索人性理论的过程中产生的。人本原理促进了管理学内容的丰富,给整个管理理论的发展带来了生机与活力。

人本原理指出,在管理系统中,居于核心地位的是人,与人相关的因素是管理系统的首要因素,发挥着重要作用。管理者在开展管理工作时,要对人际关系的处理、维持给予高度重视,将人的能动性和创造性充分调动起来,将管理的根本落在"做好人的工作"上,使管理对象明确管理目标,明确自身职责与价值,自觉配合管理。

（三）动态原理

动态原理也是运动训练管理的一个重要原理,其含义主要体现在以下两个方面:

第一,管理系统内部的结构、功能是相对稳定的,因此系统的运行也是稳定有序的,但系统内各要素和系统运行的条件有时会发生变化,这时系统也要适时调整。

第二,管理本身是一个独立的系统,但它也是更大管理系统的一个子系统,母系统的变化必然引起管理系统的变化。

从动态原理的含义来看,将动态原理运用到运动训练管理过程中,必须对系统内与系统外的影响因素与制约条件予以考虑。

动态原理的含义也反映了动态原理的有序性和适应性特征。

1. 有序性

有序性是指管理组织按照一定的科学规律有序、稳健地运行,而非杂乱无序地运行。系统内各要素按自身发展规律有条不紊地运动,进而使系统有序运动,这个动态循环状态是环环相扣、有始有终的。

随着系统内部环境与条件的变化,系统主动进行相应调整,这时系统的原有运行规律发生变化,这个变化是有计划、有程序的,变化是为了更好地适应环境。

2. 适应性

动态原理具有适应性特征,管理组织本身是一个随环境变化而变化的动态系统。系统内环境与外环境对管理组织有不同程度的影响,对内外环境的变化进行分析,使系统快速适应不断变化的环境,满足内外环境的变化要求,提升动态管理效率。

正因为动态原理具有适应性特征,将动态原理运用到运动训练管理中才能解决管理系统运作中遇到的难题,促进管理系统有条不紊地运作,促进系统适应能力和应变能力的增强。

四、运动训练的营养与疲劳管理

(一)营养管理

1. 营养要全面

运动员要全面补充营养,摄入丰富的食物才能保障营养全面,才能使消耗的能量得到有效补充。运动员要依据运动的供能特点合理搭配糖、脂肪、蛋白质三大能源物质的摄入比例,每日饮食中这三大营养素在总能量中所占的比例建议为55%、25%和20%。

2. 营养要合理

运动员在日常生活中要合理补充营养,如多吃应季水果、蔬菜,使运动中产生的酸性代谢产物被体内增加的碱储备缓冲,促进酸碱平衡,预防过度疲劳,促进机体恢复。

运动员还应补充丰富的维生素,以 B 族维生素和维生素 C 为主,此外还要补充丰富的矿物质,如钙、铁等。

3. 营养质量高

运动员补充三大营养素时,要讲求营养质量。例如,运动员应选择容易消化的含糖食物,依靠糖酵解系统和磷酸原系统提供机体所需的能量。再如,在蛋白质的补充中,要选择优质蛋白,并以动物蛋白为主,这对肌肉生长、组织修复有积极促进作用,对增强肌肉力量以及改善能量代谢也有重要意义。

4.膳食要平衡

常人每日进餐次数一般为 3 次,运动员每日进餐多于 3 次,但每餐进食量较少,各餐之间间隔一定时间,各餐食物要营养均衡,既要保证食物的数量、营养搭配能够满足机体所需,又要保证营养素能够被机体很好地吸收,从而为运动员顺利参加训练和比赛提供基础保障。

运动员每日进餐要求可参考图 2-1 所示的金字塔式膳食指南。

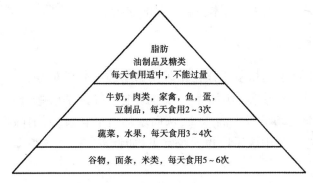

图 2-1　运动员每日膳食指南 [①]

(二)运动疲劳管理

1.基础恢复措施

(1)准备活动

运动员在正式训练前 30 分钟进入准备活动阶段,准备活动具体由下列几个部分组成。

一般性准备活动:活动内容包括跳绳、慢跑等,时间为 10 分钟左右,通过简单热身,使身体预热,微微出汗。

伸展练习:身体主要肌肉群做静态性伸展练习和被动伸展练习,时间大约 10 分钟。

动态伸展:做原地伸展练习和移动中伸展练习,时间大约 10 分钟。

①　张宏杰,陈钧.篮球运动成功训练基础 篮球运动最新体能、营养与恢复训练手册 [M].北京:北京体育大学出版社,2004.

（2）训练中的恢复方法

在运动技能训练中,运动员可利用间歇时间进行放松练习,在比赛中可利用暂停、罚球、换人等短暂时间来进行自我恢复,使身体摆脱紧张状态。自我放松与恢复的操作方法如下。

方法一:两脚前后分开,松弛站立,后脚支撑重心,两臂垂于体侧,放松身体各个部位,尤其是运动量大的肌肉,同时配合呼吸调整。

方法二:两腿交替放松地原地走动,重心左右移动,同时调整呼吸,做两三次深呼吸,促进机体供氧状况的改善。

2. 医学生物学恢复措施

医学生物学的恢复手段是指采用医学或生物学的相关技术和设备,帮助运动员进行恢复,比如光疗、蜡疗、电疗等医学措施,再比如利用高压氧舱帮助运动员吸入高压氧,从而增加血氧含量,对消除疲劳有显著效果。还有一些中医手段也比较常见,如针灸、气功、按摩等。

第四节　运动训练的医务监督

运动训练中,还有一个十分重要的环节是对训练进行严格的医务监督,在训练前、训练中以及训练后对运动员的身体进行某些重要指标的监督和检测,是保证训练顺利进行、运动员安全训练的重要保障。

一、运动训练医务监督的常用指标

（一）心率

运动训练结束后测量运动员的即刻心率可以反映出训练过程中运动强度和运动量的大小。运动员在训练后即刻心率与运动强度的关系见表2-2。

表 2-2　训练后即刻心率与运动强度的关系 [1]

心率	运动强度
> 180 次 / 分	大强度
> 150 次 / 分	中等强度
> 144 次 / 分	小强度

训练结束 5 ~ 10 分钟后,测量运动员的心率,可以反映出训练过程中运动负荷的大小,二者的关系见表 2-3。

表 2-3　训练后 5 ~ 10 分钟心率与运动负荷的关系 [2]

心率	运动负荷
比运动前心率快 6 ~ 9 次 /10 秒	大负荷
比运动前心率快 2 ~ 5 次 /10 秒	中等负荷
和运动前心率一样	小负荷

　　教练员与运动员根据心率指标可以合理安排与控制运动强度与负荷。需要注意的是,在训练过程中,如果突然加大运动强度,心率也会突然增加,但如果以稳定的强度持续训练 10 分钟左右后,运动员的心率也处于稳定状态。在运动员的心率还没有进入稳定状态前,运动员心率与运动强度的关系可以用线性关系来描述。所以教练员在对运动强度进行控制的过程中将心率作为参考指标应该是在运动员的心率还未稳定前。也有教练员在运动员心率达到稳定状态后依然将心率作为调整运动强度的参考指标,这也是比较可取的,但前提是运动强度未超过运动员的最大摄氧量水平,这样才能将心率作为有效的参考指标。不过很多项目训练强度都很大,超过运动员最大摄氧量的情况也很普遍,此时不能将运动员的心率作为反映运动强度的参考指标。

　　总的来说,在运动训练中要用心率指标来反映运动强度,就要看运动强度是否超过 100% 最大摄氧量,这时的心率是一个界限。运动员在训练中心率达到最高水平,不代表运动强度达到最大,而当运动强度达到 100% 最大摄氧量时心率就会达到最高状态。现代竞技训练追求大

①　陆一帆,方子龙,张亚东.运动科学训练与监控[M].北京:北京体育大学出版社,2007.
②　陆一帆,方子龙,张亚东.运动科学训练与监控[M].北京:北京体育大学出版社,2007.

强度训练,训练强度超过最大摄氧量很多,心率也达到最高,即使是运动结束后的即刻心率也不会超过这个心率值。

不同运动员的最高心率是不同的,所以在训练中要注意训练的针对性与个性化。不同项目的运动员其心率上升速度也是有差异的。一般来说,短距离项目的运动员其心率上升速度快于长距离项目的运动员,具体要根据专项特征来灵活运用心率这一指标。

（二）皮质醇

1. 指标测试

每个月测 1 次,每次在周六早上七点到八点之间测量,采用放射免疫法抽取 1 ~ 3 毫升静脉血,将血清分离。

2. 应用方法

测试结果显示运动员皮质醇 < 10ug/dL,说明其身体机能水平高。运用皮质醇这一指标可以了解运动员机体代谢的情况。运动训练中,运动强度和运动量加大,机体代谢加快,血清皮质醇的值上升。在一个完整的训练周期中,恢复期是最后一个阶段,在这个阶段,倘若运动员的血清皮质醇以很慢的速度恢复,说明其机体适应能力较差,身体机能水平不高,不能适应训练强度。通过运动训练也能提高运动员的机体适应能力,这从其训练过程中皮质醇上升幅度下降的生理现象中能够体现出来。

（三）血尿素

1. 指标测试

血尿素的测量一般是一周一次,选择周六早上七点到八点之间测量,抽取 100ml 指血进行测量,将血清分离。运动员安静状态下血尿素测量值虽然在正常范围内,但处于正常中的偏高水平。

2. 应用方法

运用血尿素指标可以评价运动员的身体机能水平,方法如下。

(1)大强度训练后第二天早晨血尿素测量值增加,训练周期结束时又回到正常范围,说明运动负荷合理。

(2)大强度训练后第二天早晨血尿素测量值增加,但训练周期结束后依然没有恢复到正常范围,说明运动负荷过大。

(3)大强度训练后第二天早晨血尿素测量值没有明显变化,说明运动负荷太小。

二、运动员的自我监督

(一)基础脉搏

运动员的基础脉搏比其他项目运动员的基础脉搏偏低一些,男、女分别为 50 次 / 分和 55 次 / 分左右。优秀运动员的基础脉搏更低。如果运动员的基础脉搏为 50 次,训练后第二天晨搏为 50 次左右,说明运动量正常,如果晨搏在 60 次以上,说明前一天运动量过大,机体未完全恢复。

运动员在大运动量训练初期,因为机体还不适应运动负荷,所以基础脉搏有可能增加。随着训练的继续,基础脉搏趋于正常范围甚至呈缓慢下降趋势,这说明运动量比较适宜。如果基础脉搏数随着训练不断上升,或无规律地波动,说明运动量过大。

(二)血压

运动员血压的变化能够反映出训练强度,具体有以下三种情况。

大强度训练后,高压可上升 40 ~ 60 毫米汞柱,低压下降 20 ~ 30 毫米汞柱,一般在一天内恢复。

中等强度训练后,高压上升 20 ~ 40 毫米汞柱,低压下降 10 ~ 20 毫米汞柱,一般在 20 ~ 30 分钟内恢复。

低强度训练后,高压上升约 20 ~ 30 毫米汞柱,低压下降 5 ~ 10 毫米汞柱,一般在 3 ~ 5 分钟内恢复。

如果训练结束后血压一直上升,并有头晕、虚弱乏力等症状,说明训练中运动量安排不当。

第五节　运动训练指导者——教练员专业技能的培养与发展

教练员的专业技能培育是提高我国整体体育事业发展的根基,国家对教练员能力的培养非常重视,并给出了较为完善的指导思想和实施办法,本节将就此展开分析。

一、教练员执教能力的培养

(一)科学制订训练计划

运动训练是有组织、有计划、有目的的,教练员是按照一定计划指导与监督球队训练的,因此在训练前必须科学制订训练计划,具体要做好以下工作。

第一,由于训练是为比赛做准备,所以制订训练计划必须先收集本队与对手的信息,对比分析,然后拟定备战策略,提出预期目标。

第二,对所有成员进行思想作风、体能、技战术能力、心理素质、智能水平以及营养指标等各方面的测试与诊断,全面了解球队的现状。

第三,根据测试与诊断的结果制定训练目的、训练任务以及训练效果评价方法。

第四,将训练内容,如体能训练、技战术训练、心理训练、智能训练、思想作风培养等确定下来,并提出各项训练的相关要求。

第五,划分训练阶段,系统安排训练内容与各项内容的比例,为不同训练内容配备相应的训练方法与手段,合理设置训练负荷量。

第六,将能够保证训练任务圆满完成和有效提高训练效益的各种措施、方法纳入训练计划中,并在各个训练阶段灵活运用这些措施与方法来提高训练效果。

(二)正确运用示范和纠正错误训练法

教练员向运动员传授技战术方法,培养运动员的技战术能力,必然会采用示范和纠正错误的方法。教练员熟练掌握与正确运用这两种方法,对提高技能训练效果具有重要意义。因此在教练员执教能力培养中,这两种训练方法的培训必不可少。

示范又包括分解示范和完整示范,分解示范是为了使运动员掌握技术各环节的动作要点,把握好细节,分解示范是为了使运动员连贯完成技术,并将单个技术组合起来去完成相应的战术任务。在示范过程中,一些计算机手段也常常被用到,如技术图片播放、比赛录像播放等,这些现代化手段的运用能够提高示范的效率,边播放边示范,也能调动运动员学习的积极性。

教练员通过反复讲解与重复示范后,运动员自主练习,教练员在一边观察,及时指出措施,并分析正确动作和错误动作的区分,做好正误对比分析,强化运动员的正确动作概念,指导运动员纠正错误,在重复不断的练习中熟练掌握正确的单个技术动作、组合技术动作以及集体配合方法,为在赛场上完成进攻与防守任务打好基础。

(三)根据运动的本质特征指导训练

根据运动项目的不同,选择相适宜的训练指导方法。以篮球项目为例,篮球技术是由跑、跳、投等有球和无球技术组成的。在激烈的比赛中,运动员往往需要将单个的技术动作组合起来去进攻或防守,而不是只采用单一的技术动作,否则无法与同伴配合完成任务,也无法展开对抗。因此,在运动训练中,教练员根据运动的这一特点,先安排单个技术动作的训练,当运动员能够准确完成每个单独的技术动作时,再以攻守对抗的规律为依据,对组合技术训练方法进行设计。

（四）合理运用比赛训练法

教练员根据运动的基本特征设计训练方法时，还要考虑训练方法的实施是否有利于对运动员对抗能力、配合与应变能力以及顽强意志品质的培养，这些都是运动员参加比赛所必备的素质与能力，因而要将这些训练目的融入训练方法的设计中。为了提高运动员的比赛能力，教练员还需要将训练与实战结合起来，运用模拟训练法来锻炼与培养运动员的综合能力。

从实际出发、结合实战是教练员设计训练方法的基本原则，是保障训练方法具有实际意义的基本要求。对运动员来说，比赛训练方法更有趣，比单纯的技术训练有意思，这是一种可以使运动员快速进步、顺利适应比赛对抗压力、比赛环境、比赛节奏以及提高比赛能力的有效手段。教练员要结合比赛需要设计比赛训练法，正确运用这一训练方法来培养运动员的比赛能力，这也是教练员提高自身执教能力和训练能力的重要手段，教练员训练能力的培养和运动员技能的提升是密不可分的。

（五）加强自我学习和业务培训

1. 自我学习

随着时代的不断发展，竞技运动的发展也呈现出新的局面，教练员只有不停地学习，才能跟随时代的脚步，适应时代的要求，适应新环境，达到新标准，并能提高自身激励队员的能力，对培养优秀的运动队和提高队员的比赛成绩具有重要意义。

教练员学习不仅包括学习新的知识、技战术打法，还包括学习关于球队管理的方法，学习新的体能、技能及心智能训练方法，学习语言表达技巧和沟通交往方法，学习各方面能够提升自己执教能力的知识与技能，从而不断完善自己。

2. 业务培训

教练员的训练能力是执教能力中最重要的一个表现。教练员的专业技术能力本身是比较强的，但有些教练员执教过程中激发运动员训练热情和训练兴趣方面的能力有待提高,有些教练员又因为知识储备不够丰富而影响训练效果。对此,可以通过加强业务培训来提升教练员的执教水平,充分利用有效资源组织教练员学习、培训,邀请经验丰富的优秀教练员现场教习,从而使教练员将新旧知识融会贯通,更加科学合理地安排训练内容和设计训练方法,提升训练效果。

二、教练员临场指挥能力的培养

优秀的教练员通过准确、灵活地应用临场指挥技巧,可以使整个运动队在比赛中保持优势,充分发挥运动队的水平,甚至能够使球队在劣势下成功反转,取得胜利。因此,在教练员专业能力培养中,关于临场指挥能力的培养是必不可少的一个环节。教练员临场指挥能力的培养与提升要从赛前准备开始,赛中指挥是关键,比赛结束后还要做好总结工作,赛前、赛中、赛后的各项工作都是密切联系的,缺一不可。下面从这三个方面着手分析教练员临场指挥能力的培养。

(一)做好赛前准备工作

"知己知彼"是争胜的前提,赛前准备是教练员根据自己多年的从业经验而得出的判断,进而用来指导运动员有针对性地为比赛做准备。

(二)熟练掌握临场指挥策略

1. 开局指挥

比赛开局阶段,双方一般都按既定比赛方案"作战",赛前制定的比赛方案是否与场上的实际情况相符,在开局阶段还不能判断,需要通过一定时间的比赛来检验。所以在开局阶段教练员以观察为主,对对方的攻守优势与不足形成一定的了解,但这个时间不宜过长。对于分场次进行的比赛项目,更要审时度势,合理安排运动员的体力或者运动队上下场的顺序,以尽快获得开局优势,这将对全局的比赛结果产生积极的影响。

2.中场休息的指挥

中场休息的主要工作就是帮助运动员再次明确自己的场上任务,或者调整目标,布置新的任务,总之是为了在接下来的比赛中获得更大的主动权,甚至赢得比赛做准备。

3.心理调控

比赛不仅是两队运动员的较量,同时也是两队教练员的较量,对教练员的临场指挥能力是非常大的考验。教练员在临场指挥中观察场上运动员的表现,接收来自球场上的反馈信息,然后根据反馈迅速作出反应,再向运动员释放相关信号,调整运动员的比赛活动。在这个过程中,教练员的心理控制能力非常重要,良好的心理控制能力是教练员在临场指挥中完成思维活动、心理活动以及果断决策的基础条件,是顺利完成临场指挥工作的必备素质。

教练员积极、稳定的心理活动和良好的心理控制能力对其在临场指挥中果断决策、积极鼓励球员、正确指导球队的比赛行动具有重要意义。相反,如果教练员心理控制能力差,心理活动消极、悲观,对球员发脾气,大声喊叫,在场下坐立不安,面部表情凝重,则很难顺利调整球队的整体比赛行动,而且还会给运动员带来消极影响,使运动员意志消沉,消极应战,最后造成不可挽回的局面。

(三)做好赛后总结

赛后总结是赛中调控的延续,是教练员临场指挥系统中不可缺少的一环。赛后总结主要是对比赛任务的完成情况作总结,对比赛的经验与教训作总结,并将最后的总结作为安排后面训练工作的重要依据和参考。教练员只有在赛后及时、主动地进行总结,才能真正清楚本队为什么赢、为什么输,成功的经验和失败的教训经过总结都能变成财富。

总之,赛后总结是提高教练员比赛调控能力和职业素养的重要手段。

下面简单分析说明教练员在赛后总结的方法与内容。

1.总结方法

（1）上半场结束后的总结

在上半场比赛结束后，教练员要总结上半场比赛中本队队员的表现，如每位运动员的优点、不足，团队集体协同作战的情况和战术任务完成情况，及时解决运动员的思想问题、心理问题以及技战术发挥的问题，为球队在下半场有更好的发挥与表现打好基础。

（2）整场比赛结束后的总结

整场比赛结束后，教练员要分析球队的成绩和各项指标完成情况，与训练、比赛计划中的预期任务、要求作比较，总结本队获得比赛成功或造成失败的原因，为调整后面训练方案中的指标要求及内容方法提供参考。

2.总结内容

具体而言，教练员在赛后要总结的内容包括以下几项。

（1）比赛任务是否完成、比赛目标是否实现。

（2）比赛指导思想是否正确，比赛计划是否有效。

（3）分析胜负原因，要具体到各项指标和因素。

（4）总结经验，吸取教训。

（5）临场指挥力度如何，如比赛阵容是否为最佳组合，对暂停和换人的运用是否恰到好处，关键时刻的指挥效果如何等。

（6）运动员的思想和心理状态如何。

（7）分析比赛中本队存在的问题，提出解决方法，并确定在接下来的训练中有重点地训练每个球员的哪些能力与素质。

（8）球员在本次比赛中的表现和最终比赛结果反映了之前训练中的什么问题，在今后训练工作和比赛准备中要从哪些方面努力。

三、教练员组织能力的培养

教练员是训练活动的组织者，也是训练、比赛及运动员日常生活的管理者，作为组织管理者的教练员必须拥有良好的组织管理能力，不断优化训练组织形式，改善训练过程和训练效果，提升训练成绩，培养优秀的运动员，打造实力强的队，促进球队的不断强大与可持续发展。教练员要不断提高自己的组织与管理能力,从而在运动队训练、比赛中充分发挥自己的组织管理职能,提高组织管理效果,提升训练效益和比赛成绩。提升教练员的组织管理能力及其对球队的管理效益关键要从以下几方面努力。

(一)做好思想工作

教练员在执教过程中要善于教人、育人,根据运动员的特点做好思想政治工作,培养运动员优良的体育道德作风。只有使运动员的思想政治素养得到提高,他们才能主动严格要求自己,勇敢克服困难,积极主动地完成训练任务。

教练员开展思想工作时,不要一味地给运动员讲道理,进行枯燥的说教,而应在训练和比赛中发现问题,及时渗透思想教育。教练员要掌握正确的思想教育方法,坚持正面教育,以鼓励为主,并在思想教育中培养运动员的团结合作精神、集体荣誉感、道德素养以及良好的心理稳定性与控制能力等。

教练员在鼓励教育的同时还要根据运动员的个性特点进行适当的批评教育,但批评教育时要因人而异,目的是使运动员认识自己的缺点和错误,使其纠正、克服错误与不足,端正思想,改善行为。教练员在批评教育时要善于运用委婉的语言、妥善的方法达到教育的目的。

(二)教练员以身作则

教练员是球队训练的指导者和比赛的指挥者,也是球队日常生活的管理者之一,所以必须以身作则,成为运动员的榜样和表率。教练员要求运动员做到的事情,自己必须先做到,而且还要做好。教练员严格要求自己,认真做好每项工作,这将是一种行之有效的隐性管理手段,对运动员产生潜移默化的影响,使运动员的思想与行为向积极的方向转化。

(三)掌握科学的管理模式

教练员开展管理工作,必须先构建与掌握一种科学的管理模式,并在管理实践中促进管理模式的成熟,不断提高管理效果。优秀的管理者往往更善于用人,选择值得信任的、有能力的人辅助管理,这样不仅减轻了自己的负担,使管理工作有序进行,也锻炼了他人。运动训练与比赛管理比较复杂,涉及诸多问题和环节,如果单靠教练员管理,那么无疑会增加教练员的工作负担,而且也无法保证事无巨细地做好每项工作。因此,教练员要善于培养运动员骨干,将一些管理工作适当交给运动员骨干去做,这也是对运动员的一种锻炼。此外,还要在新老队员之间构建"传,帮,带"的桥梁,这样不仅有利于发挥老队员的经验优势,还有助于培养新力量,最终提升整个球队的水平。

(四)善于激励

教练员在运动员训练与比赛管理中要善于运用激励的方式与技巧,调动运动员的训练与比赛热情。激励与鼓励、表彰是分不开的,掌握鼓励与表扬的技巧可以进一步巩固与强化激励的效果。教练员对运动员要多鼓励、多信任,用积极的心态、坚定的信念激励运动员,这样才能带动整个队伍的热情,提高激励的效果。

此外,教练员还需要虚心倾听运动员的意见,反省自己,认识自己的问题,及时纠正与改进,不断完善自我,努力提高自身的训练能力、指挥能力以及管理能力,这样在激励运动员时更有说服力。

(五)提升协调能力

一支队伍要顺利进行长期系统的训练,顺利完成比赛,并取得优异的成绩,需要多方面的支持、鼓励与帮助,除了教练员的指导、监督以及管理外,领导层的决策、后勤的支持与基础保障以及医疗团队的专业治疗等都是必不可少的,所以教练员在球队管理中要与各方面的力量密切沟通,做好协调工作,通过多方努力为运动员的生活、训练及比赛提供充分的支持与保障,最终使运动员在比赛中取得令人满意的成绩。

四、教练员创新能力的培育

对教练员而言,创新能力是非常重要的一项素质,创新能力在教练员综合素质中居于核心地位,是教练员在其他能力基础上形成的综合聚变能力,创新能力与其他各种能力,如训练能力、管理能力、科研能力、认知能力、指挥能力、协调能力等相互联系,教练员创新能力的提升能够促进各种子能力的巩固与强化,其他子能力的发展也能协助教练员创新能力的提升。与教练员创新能力关系紧密的各项子能力如图 2-2 所示。

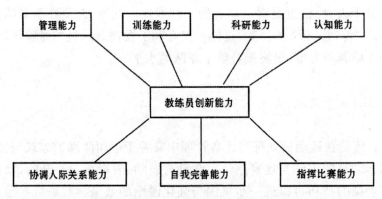

图 2-2　教练员创新能力与其他子能力 [①]

培养教练员的创新能力时,对创新思维能力、预见能力的培养是关键,下面重点分析这两项能力的培养。

（一）教练员的创新思维

思维能力是人们运用知识和思维形式、方法进行思维活动以获取某种思维成果的能力。教练员的创新思维是教练员思维的高级形式,是教练员在有效决策中特有的高级思维过程。教练员的创造性思维具有以下几项基本特征。

1. 独创性

独创性是指教练员在执教、比赛指挥以及管理中所创造的与球队特征相符、能够体现个人执教风格的独特手段和工作方案。

---

① 　杨垣,蒲亚昆.篮球教练员竞训指导手册 [M].昆明: 云南民族出版社,
2007.

2. 变通性

变通性是指教练员在工作中不受心理定式的束缚,形成多向性思维的习惯,对决策方案不断优化,力求呈现出最佳决策效果。

3. 广博性

广博性是指教练员在工作中做决策时能够全面分析问题,对运动相关规律之间的关系与联系进行探索,从而优化球队结构,增强球队比赛能力。

4. 深刻性

深刻性是指教练员思考问题时从根本上深入分析,发现规律,从而制订解决方案。

5. 预见性

预见性是指教练员在制订训练或比赛方案或执行方案前就已经预知实施方案后可能出现的结果,这包括教练员对训练或比赛的综合预见,也包括对训练或比赛中特殊情况的预见。

(二)教练员创新思维能力的培养方法

教练员创新思维能力形成与提高的前提是先具有探索与创造的内在动机和个性心理特征,这样才能逐渐领悟创新精神,并主动学习知识,开阔眼界,扩大交流,将所学知识运用到工作创新中。教练员有意识地设置探索情境,主动探索解决问题的策略,这就是教练员的创新活动。具体而言,培养教练员的创新思维能力,关键要采取以下策略。

1. 丰富想象力

想象力与创新思维能力是密切关联的,二者相互影响,相互依存,培养教练员的创新思维能力,首先要丰富其想象力。教练员要有发散思维,敢于想象和打破常规,保持好奇心和探索心理,在想象的同时采取行动将美好的想象变为现实。

2. 提高观察能力

教练员能否发现问题、认识事物的本质、发现竞技运动训练、比赛的规律,关键取决于其是否拥有良好的观察能力。教练员养成随时观察的习惯,提高自己的观察能力,并不断学习,勤于思考,开阔眼界,能够激发创新思维,从而创造更加先进、有趣、有效的训练方法。

3. 大胆质疑,敢于创新

在教练员创新思维品质的培养中,鼓励教练员质疑、解疑是必不可少的。教练员不要被传统训练模式和比赛形势禁锢思维,要善于在执教和临场指挥中发现疑点,提出问题,并结合球队的实际情况以及客观环境创造更科学有效的训练方式和战术打法。

4. 集智取长

教练员除了自己要有创新思维外,还要善于与其他教练员、运动员及相关人员沟通交流,集智取长,弥补自己的不足,与他人相互补充、借鉴,共同解决疑点和难点。

第三章

体能训练实用指导

　　体能是运动员竞技能力中最基本的组成部分,良好的体能素质是保障运动员在比赛中顺利实施各项技战术以及坚持完成比赛任务的基本条件,是运动员各项技战术的实施达到快、准、狠、活、稳的效果的基础保障,鉴于体能素质对运动员的重要意义,在运动训练的系统安排中,要将体能训练作为基础,结合专项特征安排体能训练,从而在打好体能基础的前提下逐步展开技战术的专项技能训练。本章主要对体能训练方法与注意事项进行研究,具体包括力量、速度、耐力、柔韧、灵敏以及平衡与协调等多项运动素质的训练。

第一节　力量素质训练

力量素质是最基础的一项运动素质,力量素质的提升不仅能够改善身体形态结构,促进能量代谢,提高神经系统功能水平,而且能够积极影响和促进其他运动素质的发展,进而提升技战术水平。因而在体能训练中要以力量素质训练为基础,先打好力量基础,然后进行其他运动素质的训练,在力量训练中要注意结合专项特征进行专门力量练习,并适当与其他运动素质结合起来训练。

一、力量素质训练方法

(一)上臂肌群力量训练

1. 单臂屈伸

坐立于长凳上,双脚置于地面,双脚间距略宽于肩,一手低手直臂抓握杠铃片(或哑铃),肘部靠近大腿内侧,另一臂伸直撑于长凳上;吸气并屈臂举杠铃片(或哑铃),完成动作时呼气,反复练习。

练习时上体稍稍向前倾斜,手臂的屈伸幅度要大。

2. 拉力器臂屈伸

双脚自然分开,站立在拉力器前1米处,面向拉力器。双脚间距与肩同宽,两脚尖略向外,呈八字形。抬头,直背,目视前方。反手握住拉力器手柄,反复屈臂,连续快速提拉手柄。

练习时始终伸直身体,提拉手柄时,尽可能地将手柄拉至胸前。

3.杠铃臂屈伸

背部挺直,双脚、双手分开,略宽于肩,两手反手握杠,屈臂举杠铃直至胸前,后恢复到初始姿势,不断练习。

练习时身体始终保持正直,吸气紧腰。

4.坐姿臂屈伸

坐在训练机上,双脚自然放置于地面,略宽于肩,同时,双臂伸直,双手反手握住杠铃,两肘部抵在托垫的边缘。吸气用力,屈臂牵拉杠铃至额前,后恢复到初始姿势,不断练习。

练习时禁止手腕弯曲,注意臂部用力,训练者可以根据自身的情况,适当增加杠铃重量以增加难度。

5.仰卧臂屈伸

仰卧在长凳上,双脚放于地面,间距略宽于肩,与此同时,伸直双臂,正手抓住杠铃后屈肘,以肩为圆心、手臂为半径,沿半圆形轨迹缓慢下降,使杠铃缓缓下落于头部后侧,并尽量向远处延伸,后缓慢恢复至初始姿势,不断练习。

练习过程中时刻保持身体的平衡、稳定,双手、双臂同时发力,切忌向两侧晃动。

(二)肩部肌群力量训练

1.颈后推举

坐在长凳上,双脚自然放置在地面,比肩略宽,同时抬头、伸直背部、双臂伸直,两手正手握住杠铃,并缓慢将杠铃举至头顶,之后两前臂向后弯曲至颈后。随后,缓慢恢复至初始姿势,不断练习。

练习过程中始终伸直后背,禁止弓背。

2.站姿单臂侧拉

身体侧对训练机,站立于距离训练机1.5米处,双腿分开,距离比肩略宽,右手紧紧握住拉力器的手柄,缓慢用力下拉手柄至体侧,后缓慢上举右臂呈侧举状态,再用力下拉至体侧,反复练习。

练习过程中保持背部伸直,伸臂过程中保持上臂伸直。

3. 体前屈杠铃片侧举

双脚分开站立,两脚之间的间距略宽于肩,两膝盖微微弯曲,同时弯腰,保持上身与地面平行,双手持杠铃片(或者哑铃)自然下垂,与地面成直角,双臂伸直。双臂用力将杠铃片(或者哑铃)平举至与地面平行,待动作完成后,呼气并缓慢恢复到双臂自然下垂的状态,不断重复练习。

练习过程中上体保持向前倾斜,始终挺直背部。

4. 握杠铃片前举

双脚分开站立,两脚之间的间距略宽于肩,双臂伸直放于腹前,双手重叠握住杠铃片(或哑铃)放置在大腿的前部,掌心向内。之后将杠铃片(或哑铃)前举至与地面平行,再缓慢恢复至初始姿势,不断练习。

练习过程中抬头,挺直背部,同时挺胸收腹,前举杠铃片(或哑铃)时,动作要缓慢,注意均匀用力,保持动作的连贯性。

5. 体前屈侧拉

双脚分开,侧立于拉力器前方约 1.5 米处,双膝微微弯曲,上体保持前倾,同时双臂下垂。单臂伸直,单手握住拉力器的手柄,侧拉拉力器直至胸前下方,随后缓慢恢复至初始姿势,不断地反复练习。

练习过程中双膝要保持微微弯曲,同时背部伸直,双手可采取交换练习。

(三)腿部肌群力量训练

1. 下蹲起立

身体正直,双脚分开站立,与肩同宽,双臂伸直放于体侧,两手各持一个杠铃片(或哑铃)。吸气用力,轻度挺胸收腹,缓慢下蹲直至大腿与地面保持平行,随后缓慢恢复至初始姿势,待动作完成后呼气,略微放松,不断进行练习。

练习过程中身体保持平衡,不要向左右方倾斜,始终抬头,目视前方。

2. 负重深蹲

双脚自然分开,略宽于肩,肩负杠铃站立。双手握住杠铃,两手之间的距离宽于肩膀。身体缓慢下蹲,直至臀部接近脚后跟,维持此动作3秒后缓慢恢复至初始姿势,动作完成后呼气,反复练习。

练习过程中脚尖始终朝外,下蹲时注意保持身体的平衡。

3. 仰卧小腿屈伸

仰卧在训练机的凳面上,双腿微微分开,与肩同宽,小腿发力向上踢出,待膝盖伸直后,缓缓下落,恢复至初始姿势,不断进行练习。

练习过程中双臀紧紧贴在坐垫上,双臂可自然放置于身体两侧或交叉放于胸前。

4. 拉力器直腿内收

单腿站立,侧站于拉力器前1.5米处,将拉力器系在一条腿的脚踝处,另一条腿支撑在地面上,另一侧的手抓住训练机的扶手,起到支撑身体的作用。与拉力器相连的腿伸直用力,不断内收,向支撑腿靠近。

练习过程中始终保持抬头、直背,臀部不可后撅。

(四)腹部肌群力量训练

1. 斜板仰卧起坐

仰卧于斜板上,双脚紧紧钩住斜板上的套带(或固定物)上,双手抱头,腹部用力,缓慢上抬上体,直至身体与大腿垂直,随后还原至初始姿势,不断进行练习。

练习过程中身体正直,时刻保持身体的平衡。

2. 跪立收腹下拉

双膝跪地,身体正直,抬头,双臂伸直,双手握住拉杆,举于头顶的正上方。腹部用力,保持双臂伸直,弯腰向下将拉杆拉动至所能到达的最低位置,动作进行时呼气。随后还原至初始姿势,重复练习。

练习下拉过程中靠腹部发力,手臂尽量不要用力。

3. 悬垂屈膝举腿

双臂悬垂于器械上,伸直,双手正握杠,与此同时,双腿并拢伸直。屈膝上举双腿,直到膝盖贴于胸部,后维持此动作 2 秒钟,再缓慢恢复至初始姿势,反复练习。

练习举腿过程中仅靠腹部发力,双臂不发力。

二、力量素质训练注意事项

力量训练形式丰富,手段多样,既能单一练习,也能组合练习、成套练习,形成了较为完善的力量训练体系。力量训练包括快速力量训练、最大肌力训练、力量耐力训练、爆发力训练等内容,从运动生物学的角度而言,在全面增强肌力的力量素质训练中要注意以下几点。

(一)训练要有系统性

力量训练应该在全年训练计划中进行系统性安排,从而持久有效地增加肌力。如果中途放弃,就会导致肌肉力量减退,之前的训练效果消失。

(二)递增负荷

从运动生物学的角度来看,运动训练的过程根本上就是运动员在重复不断的训练中机体从不适应到适应的循环往复的过程,一旦运动员适应了某一力量负荷,就要采取新的力量负荷进行训练,也就是在原有负荷基础上的增加,通过增加练习次数、器械重量、练习时间来加大负荷刺激,进一步提升运动员机体的适应力。

(三)训练要有针对性

肌力训练涉及身体不同部位的训练,在某个部位肌肉的训练中,要在该肌肉部位施加适当的负荷,并使肌肉收缩方向与负荷阻力方向相反,这样才能达到针对性训练与提升的效果。

（四）注意肌力平衡

肌肉有主动肌和对抗肌之分,这两者肌力之间的平衡状态就是所谓的肌力平衡。从更广泛的角度而言,人体上下肌群力量的相对平衡和左右肌群力量的相对平衡也可以称得上是肌力平衡。平衡和相等不是一个概念,平衡是对应关系,运动员肌力平衡有助于进一步熟练掌握与运用技术,并能有效预防运动损伤。因此在力量训练中要注意肌力平衡。

第二节　速度素质训练

速度素质是非常重要的体能素质之一,它有三种表现形式,分别是反应速度、位移速度和动作速度,这也是速度素质训练的三大内容。人体肌肉力量、中枢神经系统的调节能力对速度素质水平有决定性影响。在各项运动素质中,速度素质的发展与其他几项运动素质相比是比较早的,从少儿时期就开始发展。早期的速度训练主要是培养基础速度素质。在体能训练中,不同运动素质训练的时间点不同,速度素质训练常常安排在开始部分,使运动员在体能充沛的状态下进行速度训练,有助于提升训练效果。

一、速度素质训练方法

（一）反应速度训练

1. 双人抛球 + 俯卧撑

（1）在垫子上做好跪姿准备,手持实心球,给同伴传球,然后双臂自然支撑做一个标准的俯卧撑动作。

（2）从俯卧撑还原到跪姿,接同伴回传的球,再传球,做俯卧撑,反复练习。

注意练习时速度要尽可能快。

2. 对墙高抛

（1）面向墙壁,自然站立,两脚分开,双手拿一个实心球。

（2）迅速屈膝,重心放低,然后一边起身一边将实心球高高抛向墙壁,抛球后全身伸展。

（3）反复练习,计算规定时间内的抛球次数。

需要注意的是,练习过程中背部肌肉始终保持适度紧张状态,屈膝下蹲后要做标准的深蹲姿势。

3. 单臂支撑 + 俯卧撑

（1）做标准的俯卧撑预备姿势,手臂弯曲,身体笔直。

（2）手臂伸展,身体上抬,一手放在实心球上,再继续做俯卧撑,主要用支撑手臂的力量来完成动作。

（3）支撑手臂将身体撑起后离开地面,手的高度和实心球上端齐平。然后有控制地放下,再继续发力支撑身体并离开地面,这个过程中支撑手臂要用爆发力快速将身体撑起并离开地面。

需要注意的是,支撑手接触地面的时间要尽可能短,触地后立即爆发式推离地面。

4. 爆发式斜拉

（1）在一条安全杆上挂一根直径 5 厘米左右且表面比较粗糙的绳子,为了安全起见,也可以从安全钩中穿过绳子。

（2）练习者伸展手臂,双手用力将绳子拉住,身体向后倾斜,与地面保持 45° 夹角,身体充分伸展,背肌收紧。

（3）练习者快速用力拉动绳子,将自己的身体拉起来。

反复练习。

5. 剪式跳跃

（1）练习方法

①两脚前后错开，稍屈膝、屈髋。

②用力蹬地向上纵跳，空中交换两脚前后位置，落地后也保持两脚一前一后的姿势。上身始终保持挺直状态。

反复练习。

（2）变换练习

①分腿纵跳，拉大两腿前后错开的距离，落地后屈膝，重心调低一些，以增加练习强度。

②移动跳跃练习。

6. 团身跳跃

（1）练习方法

①两脚开立，目视前方。

②向后摆臂，同时屈膝、屈髋，重心降低，下肢蓄力准备释放。

③向前摆臂，当手臂与身体两侧贴近时，髋、膝、踝关节依次伸展，两脚用力蹬地纵跳，膝盖尽可能向胸部靠近。

④落地后，两脚依然是分开姿势。

反复练习。可以规定练习时间，要求练习者在规定时间内尽量完成多次跳跃。

（2）变换练习

①按照上述方法跳跃，但落地位置与跳起位置不同，两个方向呈直角。

②跳跃后空中加转体动作。

③单腿练习，两腿交替。

④两腿伸直，上体前屈进行屈体跳练习。

⑤向前后方向或左右方向移动跳跃。

7. 障碍跳跃

（1）练习方法

①将标志桶、跨栏或箱子作为障碍物，练习者面向障碍物，身体直立，做好准备。

②屈膝、屈髋,身体重心下移,两脚同时蹬地向前跳起越过障碍物,两臂配合前后摆动。注意跳起时膝盖尽可能靠近胸部,以获得更大的向前跳跃的力量。

③两脚落地后屈膝缓冲,两臂在体侧维持身体平衡,然后充分伸展身体,还原准备姿势。

设置多个障碍物连续越过障碍,也可以规定练习者在跳跃后变换落地方向或落地后冲刺跑,以增加练习强度。

（2）变换练习

①单腿障碍跳。练习者用一侧腿完成障碍跳跃练习,具体练习方法同上,但初步练习时要选择高度较低的障碍物,随着练习水平的提升,慢慢调整为较高的障碍物,也可以直接使用可调整高度的障碍物,练习者根据自身情况调整高度。

②横向障碍跳。这是练习者横向从障碍物上跳过的一种练习方式。练习者的站位要侧对障碍物,然后下肢蓄力,纵身跳起,身体横向越过障碍物。两腿同时落地后注意屈膝缓冲,手臂摆动以维持平衡。也可以连续横向越过障碍物,不断加快速度,在规定时间内完成多次跳跃。

8. 横向蹬伸

（1）准备一个箱子或凳子,高度不超过膝关节,站位与凳子在一条直线上,临近凳子的一侧脚踩在凳子上,上体稍向前倾,远侧腿屈膝,身体重心降低。

（2）置于凳子上的脚快速有力地蹬伸,身体向上跃起,落地时之前置于凳子上的脚落地,另一侧脚踩在凳子上。

（3）再次向上跳跃,再换另一只脚踩在凳子上,如此反复练习。

需要注意的是,为了便于加快弹性反应或为快速反弹创造有利条件,落地时,后脚踝关节要绷紧。

9. 快速摆动

（1）练习者与同伴面对面站立,两脚分开,稍屈膝下蹲,目视同伴。也可以做专业的拳击准备动作。

（2）同伴手持大码拳击手套或泡沫球棒攻击练习者,从头部开始,注意控制力度,安全第一。

（3）同伴攻击过程中手中的工具始终是笔直朝向练习者的,攻击的方向是沿练习者身体的矢状面攻击。

（4）练习者全身闪动，避免被同伴手中的工具攻击到，如攻击左侧，则移到右侧；攻击右侧，则移到左侧。

两人互换角色反复练习。

10. 躲避训练

（1）练习者与同伴面对面站立，两脚分开，稍屈膝下蹲，目视同伴。也可以做专业的拳击准备动作。

（2）同伴手持大码拳击手套或泡沫球棒攻击练习者，从头部开始，注意控制力度，安全第一。

（3）同伴攻击过程中手中的工具始终是笔直朝向练习者或有一定的倾斜，攻击的方向是沿练习者身体的横切面或纵分面攻击。

（4）面对同伴的攻击，练习者快速躲避，但不是像快速摆动练习一样左右两侧躲避，而是从工具的下方钻过以躲避攻击。

11. 牵制对手

（1）将 4 个标志桶摆放在场地的四个角，四个标志桶围成的长方形长约 75 米、宽约 18 米。

（2）练习者在底线位置做好出发的准备姿势，三名同伴扮演人墙角色，与练习者面对面站立，同伴站成一条直线，便于牵动练习者。

（3）练习者通过反复地侧移、后撤步来冲过人墙，向目标方向跑进。与此同时，作为人墙的同伴要尽可能前后左右移动来牵制练习者。

需要注意的是，三名同伴牵制练习者时必须保持移动方向的一致性，始终站成一排，不能各跑各的。

（二）动作速度训练

1. 俯卧撑起击掌

俯卧撑于地面，身体保持正直，缓慢进行屈肘，而后快速撑起身体并起来击掌，要快速完成动作，屈肘时身体要伸直。

2. 负重上下摆臂

双脚左右开立站立,双臂伸直于体侧,双手持哑铃,掌心向内,直臂向体侧快速提起杠铃至头顶,随后沿原来路线慢慢返回,在练习时,双手要同时完成动作。

3. 原地高抬腿

在听到口令后进行原地高抬腿,时间保持在 30 秒左右,在高抬腿过程中,大腿要抬至水平位置,保持上身不后仰。

4. 快速抓举

下蹲,双手握住杠铃杆,随后髋部发力向上提拉杠铃,当杠铃接近最高点时降低身体的重心,翻肩翻腕支撑,固定杠铃在胸上部,要快速完成动作,掌握翻腕支撑杠铃的最佳时机,腿部、髋部、躯干和肩部协调发力。

(三)移动速度训练

1.Z 型跑

(1)将 7 个锥体按"之"字形排开,响铃锥体间的水平距离和垂直距离适宜。

(2)练习者在起点处面向锥体做好准备,听到"开始"口令后向第一个锥体快速跑进,然后急停,再向第二个锥体快速跑,再急停……依次跑过所有锥体。

(3)练习者按同样的方法返回。

2. 跟随游戏

(1)两两一组进行练习,两名练习者的两个脚踝都系上一个橡皮筋,即用橡皮筋将脚踝连接起来。练习者间隔一定距离面对面站立。

(2)规定一人为进攻者,另一人为防守者,进攻者只能左右侧跨步移动,但可以变化进攻方向,防守者主要通过移动的方式躲闪进攻,可以侧跨步移动,也可以采用制动—起动的方式。

　　跟随游戏练习时间稍短,两次练习之间间隔稍长的休息时间,以保证练习者体力恢复后再继续练习。这项练习中,练习者用脚尖支撑身体重心,放低髋关节,身体姿势要合理。

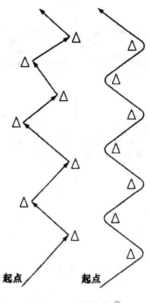

图 3-1　Z 型跑[①]

3.跨越栏架

　　(1)在跑道上将起跑线、终点线、跑进路线明确标出来。在跑道两侧摆两排小栏架,每排 4 个。

　　(2)练习者在 A_1 处准备就绪,听口令快速起动沿跑道前进。

　　(3)在练习者即将到达第一排栏架时,教练员发出变向指令或用手势示意练习者变向,练习者按指令要求右转或左转。

　　(4)练习者越过第一排右侧的两个栏架或左侧的两个栏架后再越过栏架返回到跑道上向另一侧的两个栏架跑动,越过另一侧的两个栏架再返回到跑道上向第二排栏架跑动。

　　(5)练习者按同样的方法越过第二排的四个栏架。教练员再发出变向口令或用手势示意变向。

　　(6)练习者听指令越栏架,最后向终点线快速跑进。

①　(美)Bill Foran.高水平竞技体能训练[M].袁守龙,刘爱杰,译.北京: 北京体育大学出版社,2006.

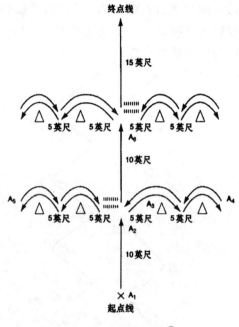

图 3-2　跨越栏架 [①]

二、速度素质训练注意事项

（一）合理确定运动负荷

一般来说,要根据运动项目的代谢特征、速度要求来确定速度练习的重复次数、跑动距离、持续时间以及间歇时间,而且速度练习经常与反应练习、灵敏练习相结合。在直线速度训练中,固定好训练距离,灵活调整组间间歇时间,使运动员有足够的时间恢复身体,使神经系统与能量系统经过休息后能够维持正常的工作状态,为下一次训练做好准备。一般情况下,练习时间与间歇时间的比例是 1∶3 或 1∶4,间歇时间可以适度延长,使运动员始终以强劲的动力和良好的状态参与训练。

如果是在比赛周期内进行速度训练,就要在训练中有意识地加大训

---

① （美）Bill Foran.高水平竞技体能训练 [M].袁守龙,刘爱杰,译.北京：北京体育大学出版社,2006.

练量或将间歇时间缩短,使运动员持续完成高强度的练习,以良好的爆发力和速度耐力完成每项练习,以至于在比赛中将良好的竞技状态保持到最后。

(二)重视热身与放松

速度训练并不是随意组织的,运动员在训练中也不是随性发挥的,在正式训练前都会先制订一个合理的训练计划,而完整的速度训练计划既包括正式的训练内容,也包括训练前的热身和训练后的放松与休息。而在速度训练实践中,热身准备、放松休息总是被忽视,这也直接影响了速度训练的效果和取得一定训练效果后的维持时间。对此,要特别强调热身、休息放松在速度训练中的重要性。

热身准备虽然是在正式训练前完成的内容,但这也是训练的一个重要组成部分,应予以重视。一般在正式训练开始前利用10分钟时间做热身准备,向不同方向充分活动各关节组织,提高身体活动能力,这有助于在正式训练后很快进入最佳运动状态,同时也能有效预防软组织损伤。

不管是间歇中的短暂休息还是每次训练课结束后的休息,都要注重补水,夏季尤其要重视补水性休息。休息时要放松身体,做一些简单的静态性关节柔韧练习,对关节活动度进行调整,为下次训练做准备。

(三)灵活调整训练,不断进步

在速度训练中,如果运动员适应了一种练习,不要急着转换到其他练习中,首先应确保之前的练习能够稳定、高质量地完成,并确保能够对称地完成练习,然后针对原来的练习做一些调整与升级,使该练习变得复杂化,这种调整式训练有时比直接切换到全新的训练更有效。在调整训练时,可以调整难度、调整练习方式,或将专项技能穿插其中,或将不同练习组合在一起,这就需要教练员根据自己丰富的经验去设计。速度训练方案应该是灵活的、可调整的、有弹性的,而且要有创意,将单一练习、组合练习等有机结合起来。

制订综合性的速度训练计划,要考虑影响速度的多元因素以及影响专项运动成绩的多个变量,要事先评估,获得大量准确的、可靠的、可参考的信息,提高训练计划的针对性、科学性和专项化水平。在训练安排上既要灵活,又要创新,这样运动员才能经过训练取得明显的进步。

第三节　耐力素质训练

耐力是长时间持续运动的能力,包括坚持一定负荷活动的能力、抗疲劳能力以及出现疲劳后机体快速恢复的能力。良好的耐力素质是运动员坚持完成训练或比赛任务的重要身体条件。从事任何运动项目的运动员都应该具备良好的耐力素质,从而在训练或比赛中持久发挥竞技能力,准确完成各项技术与战术,取得良好的运动成果。运动员耐力素质的提升是在长期系统而科学的训练中实现的,因此在体能训练中要重视对运动员耐力素质的培养与训练,提升运动员的耐力水平。

一、耐力素质训练方法

(一)有氧耐力训练

1. 主要训练方法

(1)长距离训练

长距离训练是有氧耐力训练的主要方法之一,更是耐力性项目运动员常规化训练的主要内容。从事耐力性项目的专业运动员在比赛准备阶段往往会通过参与长距离训练来调整状态,提升比赛能力。长距离训练耗费的时间较多,运动员也要付出大量的体力和精力,因此每周安排的长距离训练不要超过 3 次,但至少要有一次长距离训练。长距离训练的强度和高水平比赛的强度相近,能够提升运动员的竞技能力,而且也能使运动员在长距离训练中获得更多的感悟和深刻的体会。运动员如果盲目参加训练,没有目的性,没有明确的方向,训练后也没有任何收获,那这样的训练无疑是无效的,而且也造成了时间和精力的浪费。而按照比赛强度设计的长距离训练既能培养运动员坚持不懈的精神,又能锻炼运动员的速度耐力和节奏调控能力,最关键的是促进了运动员参赛能力的提升,使其在比赛中充分发挥良好的体能素质,取得理想的成绩。

一般在运动员身心疲劳消除,状态良好的情况下安排长距离训练。所以,在长距离训练前所安排的训练内容应该是比较轻松的,或者可以直接让运动员休息一天再参加长距离训练。长距离训练场地应该接近真实的比赛场地,模拟比赛环境进行实战演练。运动员在训练过程中可以熟悉比赛环境,体验比赛中的器材设备。长距离训练的距离长短应该根据运动员的实际情况而定,包括训练年限、竞技能力、身心状态、参赛项目等实际情况。一般来说,训练年限越长,长距离训练的距离就越长。

马拉松运动员长距离跑的训练强度包括两种类型:一是有氧强度,二是比赛强度。通常来说,先按有氧强度训练,再按比赛强度训练,有氧强度跑和比赛强度跑的距离之和要达到长距离跑训练的总距离。这里必须强调一点,一定要先以有氧强度跑一定距离,再以比赛强度跑完剩余的距离,如果顺序颠倒,即先以比赛强度跑一定的距离,那么运动员身心都会非常疲劳,剩余的距离很难再以有氧强度跑完,这样就影响了训练任务的顺利完成。而且在非常疲劳的状态下,运动员的跑步姿势也达不到要求,导致技术变形,进而可能引起伤病。这个问题常常出现在像马拉松这样的需要克服体重的耐力性项目中。长距离自行车和游泳也是耐力项目,但这些项目不需要克服体重,所以这个问题很少出现。

在长距离跑训练中,为提高运动员的竞技能力,需要逐步提升训练难度。提升的方式主要有两种:一种是增加训练距离,另一种是减少以有氧强度跑的路程,增加以比赛强度跑的路程。采用这两种增加难度的方式,能够提高运动员对比赛强度的适应能力,使运动员以良好的状态坚持跑完规定训练距离,提升竞技比赛能力。

马拉松运动员的长距离训练主要是长距离跑,其他耐力项目运动员的长距离训练也可以安排长距离跑,但训练距离比马拉松运动员的训练距离短,而且要结合专项安排其他长距离训练,从而形成长距离交替训练的方式。

（2）间歇训练

培养运动员的耐力素质尤其是耐力性项目运动员的专项能力,也可采用间歇训练法进行训练,这种训练方法的特点是训练强度大,持续时间和间歇时间适中,以无氧强度完成高强度训练,以较小强度完成间歇时段的训练。专业运动员在间歇训练中持续时间约为 45 ~ 90 分钟。间歇时间根据运动员的实际情况而定。间歇训练方法包含下列几个构成要素。

①准备活动

运动员在每一次的训练中都要先做必要的准备活动,以调动身体组织器官的功能,激活身体各部位的功能,为后面的大强度训练打好基础。做好准备活动能够为基本部分的训练做好生理和心理上的双重准备。准备活动的强度是从低到高循序渐进增加的。在准备训练阶段,运动员的心率随着运动的进行而增加,肌肉组织中流入的血流量也不断增加,从而提升了肌肉温度,对肌肉新陈代谢具有促进作用。此外,在准备训练阶段也可以进行分解练习,结合专项技术而进行热身练习,将技术分解成单个的动作环节而练习,然后再进行完整练习。这种准备性的训练方式在很多项目的准备阶段都可以采用。

②短距离冲刺组合

训练年限长的运动员经常采用短距离冲刺组合的训练方式来使自身的竞技能力得到最大程度的提高。将短距离冲刺组合训练方式纳入间歇训练方案中,能够促进运动员神经肌肉功能的改善,使运动员对快速运动时的感觉有准确而深刻的体会。短距离冲刺组合是组合类练习方式,它的构成主要包括两个部分:一是高强度训练,二是短暂的间歇。但我们一般不倡导运动员用极限强度的组合练习方式去挑战极限,因为这容易引起过度疲劳。合理的组合练习方式应该是既能使运动员准确、熟练地完成高强度训练,又不会导致运动员出现过度疲劳症状。组合训练对运动员的精神专注力提出了很高的要求,所以运动员在组合训练中容易出现心理疲劳症状。对此,要合理控制短距离冲刺组合训练的强度,不要过分追求极限,如果导致身心严重疲劳,则得不偿失。

③耐力组合

长跑、长距离自行车等耐力性项目适合采用耐力组合训练方式,间歇训练时间为 20 ~ 40 分钟。运动员以完全无氧强度来完成这一练习,中间有几次适宜的休息时间。

④整理活动

在间歇训练的最后要进行必要的整理活动,目的是使肌肉新陈代谢的过程得到缓解,这是通过使肌肉组织中流入的血液减少而实现的。这就需要逐渐降低运动强度,以低强度训练为主,重新分配血液,使肌肉中的代谢物尽快排出,使运动员的身体和心理慢慢恢复到正常状态。通过整理活动来恢复身体机能的正常水平也是为下一次训练做准备的必然要求。

在间歇训练中对肌肉运动强度进行评估时,要对运动强度的等级予以划分和确定,通常包括四个级别的强度,由大到小分别是比赛强度、无氧强度、有氧强度和轻松强度。这种便捷的评估方式能够帮助教练员和运动员了解训练强度是否适宜及其与训练效果之间的关系,从而更好地调整训练强度以达到更好的耐力训练效果。

2. 训练方法示例

(1)定时跑

在操场上或者训练场地中进行 20 分钟或 30 分钟的定时跑。

(2)重复跑

在跑道上进行重复跑,重复的距离可以是 800 米、1000 米等,重复的次数可以为 5 ~ 8 次,每次间歇的时间为 5 分钟。

(3)法特莱克速度跑

在丘陵、山坡、平原等地形条件下,由训练者控制自己的跑步速度,进行慢跑、匀速跑、加速跑等交替进行的训练。

(二)无氧耐力训练

1. 主要训练方法

(1)缺氧训练

缺氧训练是提高无氧耐力水平的重要训练方法之一。缺氧训练可在特殊环境下进行,其中首选高原训练。此外,在平原也可进行高原模拟训练。只要训练方法得当,那么在特定平原环境下的模拟训练对运动员无氧耐力的提高效果无异于高原训练。

（2）最大乳酸训练

运动员在训练中机体血乳酸水平达到最高的训练方式就是最大乳酸训练,这是无氧耐力训练的主要方式之一,有助于提高机体糖酵解供能水平。

实践证明,糖最大无氧代谢训练敏感的范围是血乳酸 12 ~ 20 毫摩尔 / 升。在最大乳酸训练中采用间歇训练的方式能够使血乳酸浓度增加,如先以极限强度跑 1 分钟,再轻松跑或休息 4 分钟,重复 5 次,血乳酸浓度的变化如图 3-3 所示。

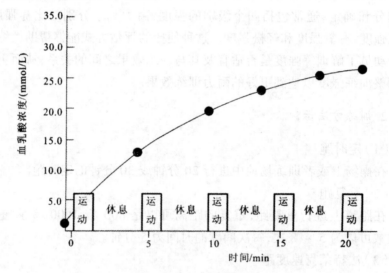

图 3-3　5 次间歇快跑后血乳酸浓度的变化 [1]

采用该方法进行无氧耐力训练要对训练强度、间歇时间进行合理安排。为了增加血乳酸的浓度,可采取的方法为加大运动强度或密度,缩短间歇。极限强度运动的时间不少于 30 秒,建议 1 ~ 2 分钟,这样能够促进糖酵解系统供能能力的充分发挥与有效提升,逐步提高血乳酸值,进而提高无氧耐力。

（3）乳酸耐受能力训练

当机体乳酸值较高时仍能正常参与较高强度运动的能力即为乳酸耐受能力。在乳酸耐受能力训练中,血乳酸维持最佳浓度范围(血乳酸值 12 毫摩尔 / 升),机体不断适应血乳酸的刺激,肌肉乳酸脱氢酶的活性逐步得到提升。这样,乳酸水平的提高就不会严重影响运动员完成持

---

[1]　谭成清,李艳翎.体能训练 [M].长沙: 湖南师范大学出版社,2012.

续时间较长、强度较大的运动,这对提升运动员的无氧耐力水平非常有帮助。

（4）抗阻训练

通常情况下,耐力专项运动员的竞技水平与体格强壮程度有关,越强壮的运动员竞技能力越强。可见,耐力性运动员要多采取有助于提升肌肉力量的训练方法进行训练,但前提是不会给运动员的耐力性能力带来消极作用,肌肉力量训练方法选用恰当,不但能够提升力量素质,还能发展耐力素质。教练员和运动员以往将很多精力与时间用于有氧耐力训练中,但对无氧耐力训练不够重视,从而影响了耐力水平的整体提升。有专家指出,应将抗阻训练纳入无氧耐力训练中,从而促进运动员耐力水平和综合竞技能力的提升。

耐力性运动员的竞技能力受到诸多因素的影响,从运动生理学视角来看,影响因素主要有乳酸阈值、最大摄氧量以及运动机能节省化,这些因素发挥不同的作用,从很大程度上影响耐力性运动员的运动能力,此外,对从事其他运动项目的运动员的竞技能力也有重要影响。鉴于这些因素的重要性,在训练中设计和选用的训练方法要对提升运动员的有氧代谢能力、神经肌肉系统功能以及无氧代谢能力等有重要的帮助。

有氧训练对提升运动员的有氧功率和有氧代谢能力具有重要作用,但不会明显影响运动员的神经肌肉系统能力和无氧代谢能力。所以在有氧训练的基础上还要进行能够积极影响运动员神经肌肉系统能力和无氧代谢能力的抗阻训练。抗阻训练也能在一定程度上积极影响运动员的有氧代谢能力。运动员通过参与抗阻训练,能够有效提升乳酸阈值水平、无氧代谢能力,这样运动员就具有更强大的能力去完成高强度训练和比赛。

运动员进行抗阻训练可以采取多种模式,如使用各种管、带、球等工具来训练核心肌群的平衡性与稳定性;使用哑铃、杠铃、壶铃等器械进行举重练习,以超等长练习方式为主;做引体向上、俯卧撑等克服体重的练习;等等。运动员要从自身实际出发选用适合自己的训练方式,或将多种训练方式组合起来进行综合训练,提升训练效果。

要提升无氧耐力水平和整体耐力素质,进而提升综合运动能力,就要善于利用不同重量的器械进行超等长练习,并将之与克服体重的练习结合起来,这样训练效果非常好。而如果只采用单一的方式来训练核心肌群的稳定性或只进行非稳定支撑训练,那么将很难明显提升运动员的耐力素质和竞技能力,如果方法使用不当,反而会对力量耐力造成消极影响。全身抗阻训练相比这些训练方式,更容易激活腹肌、腰部肌肉等核心肌群的性能,如深蹲便能达到这一效果。抗阻训练也适用于运动员的康复训练中,如使用阻力带或轻器械进行平衡性与稳定性训练。这对运动康复的效果比对提升耐力性项目运动员运动能力的效果更显著。在无氧耐力训练中采用抗阻训练方式,要将多个因素协调起来,要设计和选择最佳训练模式,提升训练效率,取得最佳训练效果。因此建议将举重器械练习、自由重量练习、克服体重练习等多种练习方式综合起来。

在运动员的耐力训练计划中加入抗阻训练的内容,就要将一般的耐力性训练方法和抗阻训练有机整合起来。倘若只是将抗阻训练内容简单地加入训练计划中,那么只会增加运动员的训练量,增加训练负荷刺激,进而加重运动员的疲劳症状,甚至引起运动损伤或造成过度训练。这样就会对原来的训练计划的顺利实施造成不好的影响,使原计划中的训练难以继续进行下去,打乱训练节奏,影响最终训练效果。因此,教练员将抗阻训练纳入训练计划中,一定要合理调控一般耐力训练与抗阻训练的比例。而要实现一般耐力训练与抗阻训练的有机整合,就要适当减少一般耐力训练负荷,而适当增加抗阻训练负荷。

将抗阻训练纳入耐力训练计划中,要适当减少原计划中的负荷量,而要减少多少负荷量,主要由年度训练目标、训练阶段、抗阻训练负荷量等多个因素决定。例如,将抗阻训练放到一般准备阶段去实施,要求抗阻训练的负荷量大一些,训练频率高一些,这就需要将原本的耐力性训练负荷减少一些,大约要减少 $25\% \sim 37\%$。若将抗阻训练放到竞赛期,要求抗阻训练的负荷量少一些,训练频率低一些,此时原本的耐力性训练负荷依然要减少,但减少的量小一些,大约为 20%。可见,训练负荷的调整与训练阶段密切相关。如果对训练阶段这一因素不作考虑,那么就要对总的训练负荷以及整合训练的效果着重进行考虑,尽可能通过整合耐力训练和抗阻训练而实现训练效果的最大化。也有教练员不认同将抗阻训练融入训练计划中时一定要减少耐力训练的负荷,一些教练员甚至认为抗阻训练可以频繁进行,耐力训练也如期进行,训练频率不需要减少,训练负荷也照常安排,如果长期如此,必然会造成疲劳积累,出现严重疲劳,影响运动员的健康和运动能力的持续发展。

在耐力训练和抗阻训练的整合中,要合理安排二者的训练顺序,并根据训练顺序调整训练负荷。例如,若将抗阻训练安排在上午,将耐力训练安排在下午,那么下午的训练负荷应该小一些,以免加重机体疲劳,因为运动员经过上午的抗阻训练已经有了一定程度的疲劳,所以不适合再进行大负荷训练。这个安排更适用于准备训练阶段。如果训练顺序调换,耐力训练在上午进行,抗阻训练安排在下午,那么可能会影响下午的训练效果,所以不适合在准备训练阶段进行这样的安排。一般在竞赛阶段和专项准备阶段适合采取这种安排方式。

若对不同训练内容的安排顺序不作考虑,那么在耐力训练和抗阻训练的整合中,必须对相邻训练课次之间的关系及相互影响重点进行考虑。一般情况下,高负荷的耐力训练和高强度、大运动量的抗阻训练不宜安排在同一天。如果先进行的抗阻训练强度大,训练时间长,那么后进行的耐力训练应该以恢复性训练为主,强度较低,负荷量较小。而如果先进行的抗阻训练强度和负荷量并不大,那么后进行的耐力训练可稍微增加运动强度和运动量。总之,要保证总负荷的合理性,在此基础上对训练内容、训练课次、训练顺序进行合理有序安排。

综上所述,在耐力训练和抗阻训练的整合过程中,要对训练阶段、训练顺序、训练课次关系、训练负荷等因素进行合理安排,使各因素保持最合理的状态,从而大大增加整合训练效果,有效提升运动员的耐力水平和整体运动能力。

2. 训练方法示例

(1)高翻

①两脚开立,屈膝下蹲,双手正握抓杠,手臂伸直,背部平直;挺胸,目视前方或前上方。用力提起杠铃,保持肘关节充分伸直并使杠铃尽可能接近胫骨。

②当杠铃提至膝部上方时,充分伸展髋、膝、踝关节,使杠铃与身体尽量靠近,背部始终平直。同时还要充分伸展肘关节,并向上耸肩。

③当肩向上至最高点时,慢慢屈肘,用臂推举杠铃。头部正直,屈髋和屈膝,使身体处于1/4下蹲姿势。

④双臂在杠铃之下时,抬肘使上臂平行地面,将杠铃置于锁骨和三角肌前束上。此时头部位置正中,双脚平稳站立。

⑤待身体平稳,通过伸展髋和膝部使身体充分直立。

反复练习。

（2）推举

在上述高翻动作的基础上进行推举。

两脚开立,屈膝下蹲,杠铃直线下移。达到下蹲的最低姿势,迅速伸展髋、膝关节,同时用力向上举起杠铃,当髋、膝关节充分伸展且杠铃在头部上方后,屈髋、屈膝,同时肘关节充分伸展,达到最大高度时将杠铃举过头顶并控制好杠铃,此时肘、膝、髋关节充分伸展,头部位置正中,杠铃在头部稍后位置。反复练习。

（3）深蹲

①两脚分开保持平行,间距同肩宽,辅助者将杠铃放在练习者头部后方肩胛骨和斜方肌上,练习者双手抓住杠铃。

②上体挺直,屈膝下蹲至大小腿几乎垂直。

③慢慢伸展膝关节和髋部,直至直立姿势。

反复练习。

（4）半屈膝硬拉

①两脚分开,间距同髋宽。双手抓握杠铃(方式同高翻),手臂自然下垂放在大腿面。

②稍屈膝,收缩肩胛骨,保持肩部稳固。

③上体前屈至背部基本平行于地面,背部平直,双手握杠铃顺势从大腿下滑到小腿。躯干稳固,杠铃一直与腿部紧贴。

④慢慢起身还原。

反复练习。

（5）坐姿下拉

①对拉力器的座椅、膝垫进行调整,使之与自己的体型或习惯保持高度的符合。

②选择适宜的重量,在椅子上坐好,膝垫紧贴大腿,双手抓握拉力器的手柄,间距比肩宽稍大。

③双手用力拉手柄使之靠近胸部,髋部顺势向后倾斜,注意控制好手臂的力量。

④手臂向上伸展还原,有控制地完成整个动作。

反复练习。

（6）双杠支撑臂屈伸推起

①抓住器械手柄,调整姿势,手臂伸直用力支撑体重。

②屈膝,两脚离地向后伸展,直至小腿平行于地面。

③肘关节弯曲使身体下移,直至大小臂几乎垂直,躯干始终保持正直,身体稳固不晃动。

④手臂伸展,身体上移,腿部姿势不变。

反复练习。

二、耐力素质训练注意事项

(一)设计耐力训练计划

设计耐力训练计划,需要考虑运动员在结束上一次训练后身体机能是否已充分恢复到正常状态,如果没有充分恢复,就不能开启新的训练计划,否则很难保证训练的顺利进行,也无法成功实现预期训练目的,同时运动员机体的潜在机能也得不到充分的挖掘。需要注意的是,并非一定要通过安排休息日来促进恢复,可以采用多种方式来达到恢复的目的,如充足的睡眠、运动按摩、补充营养、休闲放松、恢复训练等。在耐力训练计划的制订中,也应将训练后的恢复方式纳入计划中,为运动员机体恢复正常提供指导。

(二)加强耐力训练监控

耐力训练监控就是在耐力训练中,运用多元学科理论与综合方法,如运动生理学、运动生物化学、运动生物力学、运动生理学、运动医学、运动解剖学等对训练过程和效果进行研究,从而获取反馈信息,根据反馈对训练计划进行调整,以提高训练效果,使运动员体能、心理都处于良好状态,促进其耐力水平和运动能力的有效提升。

耐力训练监控是耐力训练中非常重要的组成部分之一,在监控中应运用生理生化原理与技术方法,对运动员在耐力训练中的生理生化指标进行测定,从而对训练中的运动负荷、训练方法的科学性与合理性以及最终的训练效果进行评定,同时也可以对运动员的疲劳恢复效果和应激适应能力进行评定,通过评定而了解训练中的问题,从而对训练计划进行更有针对性、目的性的调整与完善。耐力训练监控贯穿于训练的整个过程中,在训练前、训练中以及训练后都要进行全方位监控,这体现了监控的系统性与动态性。

第四节 柔韧素质训练

人体各关节肌肉和韧带本身具有一定的弹性,这些组织在人体活动时依赖本身的弹性向不同方向做不同程度的伸展,这里所说的弹性、伸展程度都是柔韧素质的表现。柔韧性的强弱对身体协调能力的好坏有直接影响,对人体活动中各项技术动作的完成质量也有重要影响。柔韧素质好的运动员,身体协调能力强,能够动员身体各部位肌肉协调完成技术动作,动作速度较快,质量较好。同时,柔韧性能好的运动员,因为关节可以大幅度活动,肌肉和韧带可以很好地伸展,因而完成动作时不仅技术质量高,而且发生损伤的概率小,能有效预防损伤。

在体能训练中,一般要将柔韧练习放在热身活动之后,从而使身体各部位韧带充分伸展,同时起到预防韧带损伤的作用。力量素质和柔韧素质结合起来训练也是比较常见的一种训练方式,在肌肉力量训练之后,肌肉疲劳,弹性和柔性减弱,变得僵硬无比,此时可以进行简单的柔韧性练习,拉长肌肉韧带,改善肌肉疲劳状态,有效恢复肌肉弹性和功能。

一、柔韧素质训练方法

(一)各部位拉伸练习

拉伸练习是柔韧性训练的主要方式之一,通过牵拉肌肉,不仅能改善肌肉的弹性和灵敏性,还能使运动感受器更加敏感,促进运动感知觉能力的提升,进而促进应激能力的改善。

1．颈部拉伸

（1）在椅子上坐好，背挺直，后脑勺、耳朵、肩膀位于一条垂直线上。

（2）一只手臂向斜前方伸展抓住异侧椅子前端。

（3）头轻轻地向左侧倾斜，还原并向右侧倾斜。

（4）持续练习 1 分钟。

（5）另一只手臂向斜前方伸展抓住椅子另一侧的前端，并按上述方法练习 1 分钟。

两侧交替练习。

2．肩部拉伸

（1）侧对门框，两脚开立。

（2）伸展右臂，与腰齐高。

（3）右前臂转动至手指抓住门框边缘。

（4）向左转体，持续拉伸 1 分钟。

（5）慢慢还原、放松。

（6）身体左侧侧对门框，伸展左臂，按上述方法练习。

两侧交替练习。

3．背部拉伸

上背部拉伸：

（1）在椅子上坐好，身体放松。

（2）一只手臂经体前搭在异侧肩上，另一侧手臂体前屈拉搭肩手臂的肘部，持续拉伸 1 分钟。

（3）换另一只手臂搭在异侧肩膀上，按上述方法练习，同样持续拉伸 1 分钟。

后背中部拉伸：

（1）坐在垫子上，上体挺直，一腿贴地伸直，一腿屈膝交叉在伸直腿外侧。

（2）与伸直腿同侧手臂的肘放在屈膝腿膝盖上，另一侧手伸展支撑于地面。

（3）放在屈膝腿膝盖处的肘用力推屈膝腿，使上肢与屈膝腿分开一定距离，上体顺势向一侧扭转，持续拉伸 1 分钟。

（4）另一条腿屈膝，向另一侧扭转拉伸，方法同上。

下背部拉伸：

（1）在垫子上仰卧，头在枕头上。

（2）两腿向同一侧屈膝上抬靠近胸部，直至大小腿垂直。

（3）肩膀始终在地面上固定不动，保持拉伸姿势1分钟。

（4）两腿伸展放松，再次屈膝向另一侧拉伸。

以上练习两侧交替进行。

4. 大腿拉伸

大腿前侧拉伸：

（1）两脚开立，一侧腿屈膝下跪，保持膝关节弯曲90°，另一侧腿屈膝至大腿平行地面，保持骨盆与髋处于平直状态。

（2）身体下压，前腿膝关节角度不变，髋关节异侧腿有明显的拉伸感。

（3）持续拉伸1分钟。

（4）下跪腿屈膝，大腿平行地面，另一侧腿屈膝跪地，膝关节弯曲约90°，然后按同样的方法练习。

大腿后侧拉伸：

（1）在垫子上仰卧，将枕头垫在头下，整个身体面向一道门。

（2）臀部完全在地上。

（3）一条腿举起放在墙上，充分拉伸，但不必一定要伸直，伸展到最大限度即可。

（4）另一腿伸向门柱，若有不适感，可将一个枕头或其他软物垫在膝关节下。

（5）持续拉伸1分钟。

（6）伸向门柱的腿蹬墙，蹬墙腿伸向门柱，继续按上述方法练习。

大腿中部拉伸：

（1）背对着墙坐在垫子上，两脚脚外侧着地，脚底并在一起，双膝向下压，但不要勉强，使腹股沟部位有明显的拉伸感。

（2）背部保持挺直状态，不要塌腰。

（3）持续拉伸1分钟，然后放松1分钟。

大腿侧面拉伸：

（1）在垫子上仰卧，将枕头垫在头下。

（2）分开两腿，臀、盆骨完全着地。

（3）一条腿屈膝抬起，膝关节向腹部靠近，脚落在另一侧腿膝关节上方。

（4）抬起腿向异侧移动直至与身体基本垂直，臀部不离地。

（5）屈膝腿异侧手放在屈膝腿膝盖处轻轻拉伸，注意不能用蛮力强迫拉伸。

（6）持续 1 分钟，换另一侧腿按上述方法继续练习。

以上练习两腿交替重复练习。

5. 小腿拉伸

小腿前侧拉伸：

（1）在椅子上坐好，一腿屈膝抬起放在支撑腿大腿上，脚踝位于支撑腿的膝盖外缘。

（2）支撑腿同侧手抓住屈膝腿脚尖外侧，向同侧拉，使小腿有明显的拉伸感。

（3）持续拉伸 1 分钟。

（4）屈膝腿落地成为支撑腿，之前的支撑腿屈膝抬起放在另一侧腿的大腿上，按上述同样的方法进行练习，同样持续拉伸 1 分钟。

小腿后侧拉伸：

（1）在椅子上坐好，两脚分开。

（2）将 8 ~ 12 厘米厚的书放在脚的正前方。

（3）左脚的脚掌踏在书上。

（4）轻微拉伸小腿部位。

（5）持续 1 分钟。

（6）左脚落地，右脚脚掌放在书上，脚跟着地，轻微拉伸右腿小腿部位。

以上练习两侧交替进行。

6. 臀部拉伸

（1）在垫子上仰卧，整个身体面向墙，将枕头垫在头下。

（2）两脚分开，右侧腿抬起置于墙上，并屈膝至大小腿垂直。左侧腿举起放在右腿上,膝、踝关节超过右侧腿的膝盖。

（3）髋和骨盆始终在地上,体会臀部左侧的拉伸感。

（4）持续1分钟。

（5）抬起放在墙上,右腿举起放在左腿上,按上述方法重复练习。
两腿交替练习。

（二）各关节柔韧练习

1.腕关节

（1）向内旋腕

站立,双手合掌,手臂伸直。呼气,手腕内旋,双手分离。

（2）跪撑侧压腕

跪姿撑地,手指指向体侧。呼气,重心缓慢向前后方向移动。

2.肩关节

（1）助力顶肩

跪姿,双臂上举,双手交叉于身后的辅助者颈后。辅助者手扶在髋部触碰对方肩胛部位,后仰,用髋部向前上顶,保持片刻。

（2）背向拉肩

背对墙而立,双臂向后伸展扶墙。呼气,屈膝,重心下移,手臂和上体充分伸展,保持片刻。

3.髋关节

（1）身体扭转侧屈

站姿,左腿伸展、内收,在右腿前交叉。呼气,上体右侧屈,双手尽力触碰左脚跟,保持片刻。

（2）仰卧髋臀拉伸

仰卧,外侧腿从台子上向下移到悬垂空中。吸气,内侧腿屈膝,双手抱膝缓慢拉向胸部,保持片刻。

4. 踝关节

（1）跪撑后坐

跪姿,双手撑地,双脚并拢,脚掌在地面支撑。呼气,臀部向后下方移,保持片刻。

（2）踝关节向内拉伸

坐姿,一侧腿屈膝,放在另一侧腿大腿上,同侧手抓屈膝腿的踝关节上部,异侧手抓住屈膝腿的脚外侧。呼气,将踝关节外侧向内拉引,保持片刻。

二、柔韧素质训练注意事项

（一）合理安排训练负荷

1. 训练频率

每天拉伸练习至少安排两次,每次要尽可能兼顾对多个肌群的拉伸,而且每个肌群拉伸次数不少于 3 次。

保证一定的训练频率,能够提升运动知觉,增加肌肉弹性,使肌肉感受器更灵敏,更好地加工大量信息,在肌肉受到负荷刺激后作出灵敏和恰当的反应。

2. 训练强度

柔韧素质训练强度不大,一般为最大强度的 30% ~ 40%。低强度拉伸也能提升肌腱组织和结缔组织的柔韧度,并分解与恢复受伤的肌肉组织。如果损伤组织较多,低强度拉伸也不会造成很大的刺激,对组织恢复与再生很有帮助。

做拉伸练习时要注意安全,不能有明显的疼痛感,否则会拉伤肌肉,如果肌肉疼痛感强烈,人会下意识地去采取保护措施,保护意识被激活后,肌肉会潜意识地进入紧张状态,这会制约关节的活动范围。

控制好拉伸练习的强度,还有助于促进肌肉损伤的恢复和结缔组织的重组。

3. 持续时间

一次拉伸练习的持续时间以 1 分钟为宜,如果时间过长,那么也要相应延长间歇时间,这样就会增加张力,对器官造成一定的刺激,使其在负荷下作出一定的反应,从而增加肌肉的紧张度,这容易引起轻微的肌肉撕裂,因此必须控制好持续拉伸时间。

(二)兼顾发展关联部位

体育运动中一些技术动作的完成需要多个关节或部位的协调配合,因此在柔韧素质训练中要注意关联部位的兼顾练习,如果其中一个部位训练不到位,就会影响其他部位的发展,影响动作的顺利完成。兼顾发展关联部位能够满足专项之需,提高动作的质量。

第五节　灵敏素质训练

灵敏素质是综合体现基础身体素质和基本运动技能的一项综合素质,它建立在力量、速度、柔韧、耐力、节奏感、协调性等多种素质和技能之上,这些素质和技能取决于神经系统的灵活性和可塑性以及已建立的动作的储备数量。如果运动员的身体素质在某一方面(或更多方面)得到了发展,并熟练掌握了运动技能,灵敏素质就能得到充分发展和提高。不同运动项目对运动员的灵敏素质有不同的要求,如球类和其他一些对抗性项目要求反应、躲闪、判断、随机应变方面的灵敏素质;跳水、体操等需要身体位置迅速改变及空中翻转方面所表现的灵敏素质。在体能训练中,结合专项要求进行灵敏素质训练,提升运动员的灵敏素质水平,有助于运动员在实战中准确、熟练地完成动作,取得优异成绩。

一、灵敏素质训练方法

（一）灵敏步伐训练

（1）快速提踵练习。在 10 ～ 20 秒内用最快速度完成。

（2）两脚交替高频率踏跳。在 10 ～ 20 秒内用最快速度完成。

（3）半蹲，以最快速度向两侧并步移动，也可以在短距离内变换方向。

（4）高频率前、后分腿跳和左、右分腿跳。

（二）髋部灵敏练习

1. 高抬腿交叉转髋练习

高抬腿，抬至体前最高点后迅速向左或向右转髋，带动身体左右转动，反复练习。

2. 快速转体练习

以左脚为轴，右脚向前、向后做蹬步转体练习。

3. 小密步垫步前后蹬转练习

右脚向前移动半步，左脚紧跟其后迅速垫一小步并向右脚，此时以左脚为轴心，右脚向后蹬地转体，左脚退回小半步，右脚再向前移动半步（重复第二次），反复进行。

（三）综合练习

1. 听信号完成指令动作

坐在原地或者半蹲在原地，当听到信号以后，迅速起身跑到指定位置。

2. 移动中跨越障碍训练

用小的体操垫作障碍,利用前滑步或者左右滑步躲闪过小体操垫,向前加速绕行前进。

3. 两人追逐训练

两人一组,一组先跑,另一组追逐,追逐前,两人保持 5 米左右的距离,等到追上以后,交换练习。

4. 两人触摸训练

两人一组,在规定范围内,用手触摸对方的肩部,另外一个人利用自己的步法快速进行移动、躲闪。

5. 跳绳训练

双人摇绳进行跳绳训练,随着练习的进行,两人摇绳的速度要不断加快。

二、灵敏素质训练注意事项

(一)安排适宜负荷

灵敏素质训练中,练习负荷较大,容易出现疲劳,为确保运动员机体磷酸原的尽快恢复,在每个练习结束后休息时间必须足够。

在灵敏素质训练中,为促进磷酸原系统供能能力的充分发挥,一般每个练习的持续时间不超过 10 秒,两个练习之间至少间歇 30 秒,组间间歇时间不少于 3 分钟,以保证磷酸原的基本恢复,促进机体有氧代谢能力和糖酵解供能能力的提升。

灵敏素质训练中合理控制练习强度非常重要,练习强度可通过变化练习时间来调控,并通过对心率的监控而评价练习强度的大小。观察运动员在练习中的动作完成情况也能判断练习强度是否合理,当运动员制动时动作不稳、制动能力下降时,说明运动强度较大,要作出相应调整,如暂停训练或延长间歇时间。

（二）注意区别对待

灵敏素质训练内容要依据不同训练阶段的特征来安排,区别对待。在灵敏素质训练的开始阶段,要重点训练基本步伐、基本移动能力和身体控制能力,从而提升控制平衡和保持身体重心稳定的能力,并提高快速移动能力。在之后的训练中,要结合专项特征与要求来安排专门的灵敏性练习,当练习者基本技术达到一定水平后,结合专项运动场景进行快速反应能力练习。

总之,在灵敏素质训练中要注意区别对待,在不同训练阶段有侧重地安排训练内容与方法,这有利于促进运动员运动素质的逐步提高与不断突破。

第六节　平衡与协调训练

平衡能力是一种比较特殊的运动素质,它指的是人体各种感觉输入,在重心适度移动范围内各种肢体下负重、调整和维持姿势稳定的能力。从运动生理学视角分析,可以将平衡能力分为静态平衡和动态平衡两类。静态平衡是人们日常生活中经常出现的一种身体状态,如站立不动、坐立不动等,在这种状态下,身体是稳定的。动态平衡指的是当受到外力因素影响时,人体迅速调整身体姿势以维持身体平衡的过程和能力。在运动员平衡能力训练中,要以动态平衡训练为主,同时要加强肌肉平衡训练,包括单关节肌肉平衡训练、多关节肌肉平衡训练,兼顾二者有助于预防运动损伤,提高运动员的平衡能力、协调能力以及整体运动能力,适应专项需要。

协调素质同样是综合性运动素质,综合反映了人体各种身体素质和运动能力。协调素质的好坏受诸多因素的影响,如人体机能水平、基本运动素质水平、技能储备量以及心理素质等。运动技术的形成以良好的协调能力为基础。协调性好的运动员,在运动技能练习中能够对动作的空间、时间、节奏等要素及其内在联系有准确的把握,身体各部位能够根据运动需要而精确协调配合,从而快速掌握运动技能,并不断强化提高。因此,在体能训练早期要特别重视协调能力的训练。

一、平衡素质训练方法

(一)单关节肌肉平衡训练

围绕一个关节周围的肌群集中进行训练就是单关节训练。进行单关节训练主要是为了促进运动员各部位肌肉和不同肌群发展的平衡,同时也是为了提高运动员的身体适应能力,使其做好准备接受更大的负荷刺激。在训练中要尽可能全面训练各个肌肉或肌群,尤其是对运动成绩有重要影响的优势肌群,通过训练使优势肌群的功能得到最大程度的发挥。

单关节训练的具体方法如下。

1. 伸腿

(1)训练目的
促进股四头肌的发展。
(2)训练方法
练习方法如下:
①在腿部伸展机上坐好,根据需要对靠背位置进行调整,调整后要使膝关节中心与器材的旋转轴在同一水平高度。膝关节弯曲使大腿与小腿保持垂直,器材的阻力垫刚好在踝关节上方。
②对抗器械阻力尽可能将腿伸直,切记不要过度伸展膝关节,以免受伤。
③两腿慢慢放下,还原到准备姿势。
反复练习。

2. 后屈腿

（1）训练目的

促进腘绳肌的发展。

（2）训练方法

训练方法如下：

①在卧式后屈腿训练器上成俯卧姿势，将阻力垫调整到小腿腓肠肌1/3处的位置。准备环节避免过度拉伸膝关节。

②屈膝抬脚，使小腿向臀部慢慢靠近。

③两腿缓慢还原成准备姿势。

反复练习。

（3）变换练习

尝试将一定重量的物体固定在一侧腿上，按上述方式进行举重物练习，重复练习几次后将重物换到另一条腿上继续练习。

3. 系橡皮筋进行大腿内收与外展练习

（1）训练目的

促进髋部外展肌群和内收肌群的发展，以促进膝关节平衡稳定性的提升。

（2）训练方法

训练方法如下：

①在某一支撑物上系上橡皮筋，橡皮筋的另一端绑在脚踝上。身体与支撑物相距一臂的距离。

②训练外展肌群时，支撑腿维持身体平衡，练习腿外展与身体中线保持一定距离，至少保持 2 秒，然后还原。

③训练内收肌群时，支撑腿维持身体平衡，练习腿稍经过身体中线并制动，注意不要转髋，至少保持 2 秒，然后还原。

外展肌群与内收肌群交替训练。

（二）多关节肌肉平衡训练

一些运动项目中包含了大量的综合性动作，因此要根据专项特征进行多关节训练，以提高训练效果。事实上，纯粹的单关节动作在体育运动中是很少见的,基本上都是多关节动作,所以要加强多关节训练。多关节训练的特点是比较缓慢,要求练习者有一定的控制力,具备可控条件,这样增加了训练的安全性,可以有效预防运动员在练习中受伤。

多关节训练的方法如下。

1. 伸腿

（1）训练目的

促进臀部肌群、小腿肌群、股四头肌的平衡发展。

（2）训练方法

训练方法如下:

①平躺在腿部伸蹬器上,对座位进行调整,使大小腿保持垂直。双脚保持一定距离。

②双脚用力蹬踩踏板,直到两腿完全伸直。两腿膝关节保持一定距离。

③缓慢还原。

反复练习。

（3）变换练习

①可以进行单腿练习,两腿交替蹬踏板。

②将一定重量的实心球放在两腿膝关节之间,两腿蹬伸时挤压实心球。

2. 弓箭步

（1）训练目的

促进躯干肌群和下肢肌群的发展。

（2）训练方法

训练方法如下:

①自然站立,两脚分开,手持杠铃置于颈后并固定在肩上。

②右腿向前跨出（步子较大）,屈膝成90°,上身始终保持挺直状态,目视正前方。

③右腿收回,左腿向前跨出继续练习。

两腿交替反复练习。

（3）变换练习

①侧弓步练习

左脚向左侧跨一步或右脚向右侧跨一步,屈膝深蹲,然后右脚向右侧跨一步,屈膝深蹲。两侧交替进行。若不能做标准的深蹲姿势,可以缩小大小腿的夹角,以免刺激膝盖造成损伤。

②十字交叉弓箭步练习

左腿经过右脚向右前方跨步（45° 对角线方向）,身体挺直,还原,右腿经过左脚向左前方跨步,两腿交替练习。

③持器械弓步练习

手持实心球或哑铃,置于颈后,然后按上述方式进行弓箭步练习。

3. 深蹲

（1）训练目的

促进背部伸肌、股四头肌、臀肌和小腿肌群的平衡发展。

（2）训练方法

训练方法如下：

①两脚分开,脚尖稍外展,手持杠铃置于颈后并固定在肩上。

②两腿慢慢有控制地屈膝,直至大小腿垂直,脚后跟支撑身体重心,上体挺直,目视前方。如果不能做完全的深蹲动作,可放宽对膝关节弯曲幅度的限制或要求,以不损害膝关节为宜。

③还原,上身始终挺直。

反复练习。

（3）变换练习

持器械练习,将实心球或哑铃固定在颈后,然后按上述方法练习。

4. 负重交换跳

（1）训练目的

促进股四头肌、臀肌和小腿肌群的增强及平衡发展。

（2）训练方法

训练方法如下：

①双手持杠铃置于颈后肩上固定,身体保持挺直。

②两腿交替上抬进行练习,高度保持在 40 厘米左右。

（3）变换练习

移动中负重交换跳，向前跳、向左右两侧跳均可。

5. 快速挺举

（1）训练目的

促进肱二头肌、股四头肌、三角肌、臀肌和小腿肌群的平衡发展。

（2）训练方法

训练方法如下：

①两脚分开，微屈膝、屈髋。

②双手正握杠铃，杠铃与肩部高度齐平。

③屈膝，重心下移，向上举杠铃，直至手臂完全伸展。

④慢慢还原。

重复练习。

（3）变换练习

将杠铃换成橡皮拉力器或弹力绳，练习方法同上。

（三）动态平衡训练

在体育运动中，运动员若要转变方向，先要分开两脚，脚间距稍比肩宽，降低重心，重心位于两脚间，保持稳定支撑。只有将身体重心控制好，维持最佳的平衡点，才能为转变方向提供便利，顺利变换方向。一般情况下，女运动员的身体重心比男运动员低一些，向前调整重心可以保持更好的身体稳定性。控制好重心基本是每项体育项目对运动员的共同要求，运动员要具有良好的动态平衡能力。在滑冰、滑雪、自行车、跳水、举重、体操、摔跤等体育项目中，运动员控制重心和维持身体平衡的能力直接决定着运动成绩。一旦没有控制好重心，身体失去平衡，无法继续维持良好的稳定性，多数情况下会面临被动局面。而在球类运动中，运动员与球一起移动，要保持自身与球的协调平衡。总之，动态平衡对运动员来说非常重要，在平衡能力训练中不可忽视动态平衡训练。

下面分析几种简单实用的动态平衡训练方法。

1. 单足站立

训练方法：

（1）自然站立，一腿屈膝抬起，使脚尖朝下，支撑腿同侧手抓握上抬腿的踝关节。

（2）保持单腿站立姿势 30 秒。

（3）两腿交替上抬进行练习。

2. 直线单脚跳

训练方法：

（1）在地上画若干条线，色彩鲜亮以便识别，相邻两线之间相距适宜距离。

（2）站在一端单脚依次跳到另一端，避免踩线。

（3）两腿交替练习。

变换练习：

增加难度进行练习，如增加膝关节的弯曲角度；增加间隔距离；单脚跳跃每次落地后静止片刻，上身不能晃动。

3. 圆锥跨跳

训练方法：

（1）将三个圆锥形状的物体并列排成一排，相邻物体之间间隔一定距离。

（2）依次跳过三个圆锥体，速度要快，不能有太长时间的停顿。

（3）增加相邻圆锥体的间距，进行难度练习。

变换练习：

身体侧对圆锥体，单腿依次跳过，再换另一腿返回，两腿交替进行。该练习可促进腿部力量的增强，也能有效锻炼身体的平衡性。

4. 六边形

训练方法：

（1）在地板上画一个边长 60 厘米、夹角 120° 的六边形。

（2）站在六边形中心点，面向任意一条边的方向，听口令依次跑完六条边，然后返回中心点。

（3）换方向继续跑，跑完六条边后跳回中心点。

反复练习。

二、平衡素质训练注意事项

（一）做好拉伸练习准备

进行平衡力训练，必须做好基本的热身准备，充分活动各关节，以更快进入正式训练状态，也能预防运动损伤发生。常见的拉伸练习方法如下。

1.瑞士球腹部拉伸

（1）背部靠在瑞士球上，双脚分开，双臂向上伸直。

（2）双臂向后伸，直到双手碰到地面。

（3）下背部靠在球上的同时，臀部降低，向天花板方向拉伸腹部，保持30秒，然后放松。

重复练习。

2.坐姿脊柱拉伸

（1）坐于垫子上，右腿伸直，左腿屈膝交叉于右腿上，左手置于地面上用于支撑，右手垂下放在左腿上。

（2）上体向左侧旋转，保持30秒，重复练习。

两侧交替练习。

3.内收肌拉伸

（1）站姿，双脚分开。

（2）右腿屈膝，身体重心降低，双手置于大腿外侧，左大腿内侧感到深度拉伸，保持30秒，重复练习。

两腿交替练习。

4. 梨状肌拉伸

（1）仰卧，左腿屈膝，右脚踝交叉于左膝上。

（2）双手抓住左侧大腿后方靠近膝盖的位置，缓慢向右肩方向拉。保持 30 秒，放松，重复练习。

两侧交替练习。

5. 眼镜蛇拉伸

（1）俯身，手掌平放在地面，双臂屈肘，肘部向内收。

（2）上半身撑起，直到双臂伸直。

重复 3 次，每次用时 15 秒。

（二）按照逻辑顺序训练

制订平衡性训练计划时，要按照螺旋形的逻辑顺序依次训练，如先训练腿部力量，再训练髋部力量，然后是上腹部的伸展能力、弯曲能力以及旋转能力，最后训练上肢力量。熟悉各个部位的训练后，进行循环组合练习，以促进各部位肌群的平衡发展。

（三）合理训练，预防损伤

为了提高平衡能力，在平衡性训练中必须注意训练的科学性与合理性，要根据专项特点、运动员实际情况和比赛周期灵活合理地安排训练，选择适宜的训练方法，经过训练既要能够有效提升身体平衡能力和稳定性，为取得好的运动成绩奠定身体基础，又能预防损伤，保障安全。

三、协调素质训练方法

（一）渐进训练法

渐进训练法就是循序渐进地实施协调能力的训练内容和训练方法，

练习难度逐渐增加,逐步稳定地提升适应力和协调能力。具体操作时,先练习简单反应能力,再过渡到选择反应能力;先练习单个动作,再过渡到组合动作练习。

(二)变换训练法

在其他运动素质的训练中,在不违背训练原则和训练目标的前提下,对练习方式、动作方向、动作力量、动作速度、动作节奏等要素不断进行变换与调整,使练习动作由简单到复杂,使训练条件与环境更加艰难、复杂,这种情况下不仅能够提升正在训练的体能素质,还能够有效锻炼和提升协调能力、应变能力。

(三)平衡训练法

平衡力与协调素质密不可分。人体姿态静力性反射能力和自由调节能力以及内感觉矫正能力对平衡能力的高低有决定性影响,其中内感觉校正能力也是协调能力发展中不可缺少的一项生理机制。采用平衡练习法时,先进行失衡练习,再训练保持平衡的能力。为增加练习的趣味性,可以让练习者旋转几圈后停下来尽力保持静态姿势,从而有效提升身体的平衡力。

四、协调素质训练注意事项

(一)注重评估

进行协调性训练,要注意在不同训练阶段科学评估运动员,根据评估结果确定训练方案或调整训练模式,实现训练效果的最大化。通过评估并科学设计协调能力的训练方法,使运动员通过练习而积极发展综合体能素质与各素质的相互协调能力,并积极影响机体组织系统,尤其是能量供应系统和神经系统。

注意在评估中要综合考虑运动员的性别、年龄、当前运动水平、特长技术以及制约其竞技能力发展的因素,要观察分析运动员哪些素质的发展比较滞后,优先发展落后素质,然后将各方面素质协调起来促进综合体能素质与竞技能力的提升。

(二)制订好训练计划

运动员的运动能力会受到很多因素的影响与限制,教练员要找出重要的限制因素,重点针对这些因素进行训练。此外,在训练中不仅要解决限制因素的问题,还要将多方面的因素协调起来,使运动员得到全方位的提升,促进其竞技能力和运动成绩的提高。

运动员要提高自己的训练能力和参赛能力,就必须坚持不懈地练习,这是必经过程,也是必要手段,而训练安排是否合理直接影响训练效果。因此,必须充分利用好训练这一工具,科学设计训练计划,合理组织与实施训练,落实计划内容,实现计划目标,使运动员经过训练取得理想的训练收益,甚至获得出乎意料的收益。

制订协调素质训练计划,要注意以下几个要点。

第一,明确训练目标,包括终极训练目标、阶段训练目标、单元训练目标和训练课目标等,一步步细化目标,明确方向。

第二,将简单练习放在复杂练习之前,将闭合性技能练习放在开放性技能练习之前,将一般运动技能练习放在专项技能和特技练习之前。

第三,要将限制运动员竞技能力发展的要素一步步优化或消除,最终使各种积极要素协调起来,达到竞技能力发展的最大化。

第四,在协调训练中启动和制动是很常见的,前者要求伸展身体,后者要求适当屈体,在起动与制动中要注意运用好各种反馈,提高协调能力训练效果。

第四章

运动心理与智能训练实用指导

随着现代体育的发展和人们对体育运动研究的深入,心理素质和智能素质越来越得到各界的广泛关注和重视,尤其是对于高水平的运动员来说,这两项素质的影响更加明显。因此,现代体育训练已经将心理训练和智能训练作为运动员运动训练的必备内容,采用各种训练方法和训练手段促进运动员心理素质和智能素质的发展和提升。本章就运动员的心理训练和智能训练展开分析,并对这两项训练进行具体阐述。

第一节　运动心理训练

在运动的过程中,无论是运动员还是普通的体育爱好者,都会经历各种心理变化,这种心理变化又会反过来影响运动的进行,因此,对运动心理的研究和训练直接影响人们运动水平的发展和发挥。

一、运动员心理训练概述

(一)心理训练的概念

在了解运动员的心理训练之前,要先了解运动员的心理能力。运动员的心理能力是指运动员和运动竞赛相关的心理特征,以及将自己的心理调整到和运动竞赛相匹配的状态的能力。而对运动员进行的心理训练,是指在运动训练的过程中,教练等相关人员对运动员的心理状态进行分析,并在运动员的积极配合之下采取相关措施对其心理状态进行干预,使其心理达到符合运动竞赛状态的训练。

(二)运动员心理训练的特征

1.系统性特征

运动员的心理素质和其他各项运动素质一样,都可以通过后期的训练发展和增强。同样,心理训练的发展规律也和其他各项运动素质的发展规律一致,只有经过长期性、系统性的训练才能取得良好的训练效果。现代心理训练在科学理论的指导下,遵循运动员的心理能力发展特点,为运动员制订长期的系统性训练计划,在训练的过程中注重各项心理能力发展的逻辑性和顺序性,对于促进运动员心理能力的发展起到了非常重要的作用。

2. 专门性特征

不同运动项目特点不同,决定从事不同运动项目的运动员之间具备着不同的运动素质,运动员之间的心理能力也有所不同。现代心理训练在尊重不同运动专项之间以及运动员个体之间差异的基础上,形成了专门性的特征,因材施教地发展符合运动专项要求的心理能力,有效提高了训练的效率和成果。

3. 科学性和实效性特征

随着科学技术的发展,各种先进的科学仪器和科学手段在运动训练中越来越常见,比如现代心理训练中最经常运用到的科学技术——生物反馈技术,就为运动员心理训练效果的提升做出了极大的贡献。

在对运动员的心理训练中使用生物反馈技术,能够有效调节运动员的情绪,消除运动员过度紧张的心理状态,增强运动员的机体功能,提升运动员的感知能力,对于运动员训练效率的提高和比赛的正常发挥都具有十分重要的意义和作用。

(三)运动员心理训练计划的制订

1. 明确心理训练的对象

一方面,要对运动员个体进行充分的了解,明确运动员的性别、年龄、运动基础和水平、训练态度、训练动机等方面的信息,将运动员的个体特征作为制订心理训练计划的依据之一,做到因材施教。

另一方面,要对运动员从事的运动专项的特征进行充分的了解。不同的运动专项对运动员的心理能力有着不同的要求,比如跳水、体操这类难美型运动项目,对运动员的感知能力、灵敏能力、自我调节能力和果敢精神等心理素质的要求比较高,心理训练的重点应该集中在这些要求上;再比如像射箭、射击这种表现准确性运动项目,对运动员的注意力集中水平、情绪的稳定性等心理素质的要求比较高,其心理训练的重点就应该集中在这些要求上。

2. 加强有关人员的沟通

沟通是制订心理训练计划中必不可少的一个步骤和环节,沟通的内容包括:心理训练的目标、心理训练的内容、心理训练的方法、心理训练的过程等。沟通的过程中,作为运动员方,应该充分说明心理训练的需要,而作为提供训练方案的一方,应该充分说明训练计划能够达到的预期训练效果,只有两者达成一致,才能继续制订计划。沟通需要贯穿计划制订的始终,教练员作为训练计划制订的关键因素,应该始终在沟通中发挥着积极的作用。

3. 评估运动员的心理特征

充分了解运动员的心理特征并对其进行评估也是心理训练计划制订过程中必不可少的一个环节,只有掌握运动员的心理能力优势和劣势,才能更加有针对性地制订心理训练计划。可以利用以下几种方式对运动员的心理特征进行了解和评估。

(1)面谈法。由专业的心理学人士和运动员进行面谈,从运动员的肢体表现和语言中了解运动员的心理信息。

(2)行为记录法。对运动员的日常训练表现和比赛表现进行记录,从运动员的行为中分析其心理特点。

(3)现场观察法。现场观察运动员的训练或者比赛表现,从现场表现中分析运动员的心理特点。

(4)纸笔测试法。采用 CSAI-2、SCAT、POMS 等方式对运动员进行心理测试以了解其心理特征。

4. 确定心理训练的内容、方法和程序

通过对训练对象的了解和分析,一方面知道其在心理能力上的劣势,另一方面又了解了其所从事的运动专项对心理能力的要求。在制订心理训练计划的时候,应该将评估结果作为依据,将训练对象的心理能力劣势和其从事的运动专项的心理能力要求作为训练的重点内容。

确定了心理训练的内容之后,还要制订相应的心理训练方法来实现心理训练内容的作用。在制订训练方法时,应该充分结合运动专项的特点、运动员本身的个性特征等现实状况,保证训练方法能够真正发挥作用。常见的心理训练方法包括放松训练法、表象训练法、自我暗示训练法等。

此外,还要根据训练内容之间的顺序关系和逻辑关系等,制订合理的训练程序,保证心理训练科学有序地进行。

5.评估心理训练的实施效果

在实施一定时间的心理训练计划之后,应该对心理训练计划的效果进行相应的评估,并根据评估结果对相应的内容、方法、程序等进行相应的调整,使训练计划不断完善。

二、运动员心理训练的常见方法

(一)放松训练法

1.渐进性放松法

渐进性放松法是指利用一定的方法和程序,使练习者的肌肉从局部到整体完全放松,进而消除其紧张心理,使其达到心理的放松的心理训练方法。渐进性放松法遵循一定的步骤,其肌肉训练顺序为上肢、肩、头部、颈、胸、腹、臀、下肢、脚,训练内容为先利用一定的引导语让各部位的肌肉紧张起来,再利用引导语让各部位的肌肉放松下来,练习者在这个过程中必须认真体会肌肉紧张和放松的各种状态,进而实现心理放松的目的。

下面我们将具体介绍渐进性放松法的使用方式。

(1)准备姿势

练习者以自己觉得最舒适的姿势,自然放松地坐在椅子上。

(2)渐进性练习法的具体练习过程

认真倾听下面的提示语,根据提示语的要求做相应的变化(注:"…"代表5秒钟的停顿)。

自然轻闭双眼,深呼吸三次…

紧握左手,紧握…认真感受左手的感觉…松开左手,放松…

再次紧握左手,认真感受这种紧张状态…再次紧握…松开左手,放松,想象左手受到的压力正在从手指上慢慢消失…

现在将右手紧紧握成拳头，握拳的同时感受手掌、手指、手臂的紧张状态⋯然后慢慢放松⋯

再次紧握右手，感受紧张状态⋯慢慢放松⋯

左手紧握，同时弯曲左臂，使二头肌紧张起来，保持这种状态⋯放松下来，想象这种紧张感从手臂慢慢流向手指，再慢慢从手指消失⋯

右手紧握，同时弯曲右臂，使二头肌紧张起来，保持这种状态⋯放松下来，想象这种紧张感从手臂慢慢流向手指，再慢慢从手指消失⋯

双手紧握成拳头，双臂弯曲起来，使双臂的二头肌都紧张起来，感受这种紧张⋯慢慢放松下来，想象紧张感从手臂慢慢流出，再慢慢从手指流出去⋯

用力皱眉，同时用力紧闭双眼，使额头和双眼紧张起来⋯现在放松，感受放松的感觉流过双眼⋯继续放松⋯

双唇紧闭，上下颌用力闭合在一起⋯现在慢慢放松下来⋯

现在，皱眉，用力闭眼，双唇紧闭，上下颌用力闭合在一起，抬高下巴，拉紧颈部的肌肉，体会这种紧张状态⋯现在慢慢放松下来，并认真体会这种放松的感觉⋯

用力向前耸肩，尽量将背部的肌肉向前拉，使背部的肌肉紧张起来，保持这种状态⋯好，现在慢慢放松下来，感受背部慢慢松弛下来⋯

再重复一次刚才的动作，同时用力收腹，使腹部肌肉紧张起来，保持这种状态⋯现在慢慢放松⋯

将肩背部动作和腹部动作结合起来再做一次，感受背部肌肉和腹部的肌肉被拉紧，保持这种状态，认真体会⋯现在慢慢放松⋯

现在，我们来进行一次系统练习。首先，做 3 次深呼吸⋯双手紧握成拳头，屈起双臂，使二头肌紧张起来，紧闭双眼，用力皱眉，抬起下巴，双唇紧闭上，上下颌紧紧咬合在一起，向前耸肩，用力收紧腹部，完成上述所有要求，现在保持这种状态，感受身体各个部位所受到的紧张感⋯现在深呼吸，慢慢将气吐出来，同时身体各个部位全都放松下来，感受所有的紧张感慢慢从身体上消失⋯想象紧张感从身体的各个部位流出，放松，放松下来⋯

现在我们来做腿部的练习，将左脚脚跟靠近椅子，使劲下压脚跟，同时将前脚掌竖起，用力绷紧小腿和大腿的肌肉，感受小腿和大腿正在用力⋯好，现在慢慢放松下来⋯

再来做一次上面的练习，左脚脚跟用力下压，前脚掌抬起，小腿和大腿肌肉用力绷紧,感受肌肉的用力…放松下来…

现在将右脚脚跟靠近椅子,用力下压,前脚掌向上抬起,用力绷紧小腿和大腿的肌肉,感受腿部的用力…现在放松下来…

双脚脚跟都向椅子靠近,用力下压脚跟,双腿肌肉用力绷紧,感受这种紧张状态…好,现在慢慢放松下来…

现在,做3次深呼吸…然后来把上面的练习系统性地做一遍,按照双手、双臂、前额、双眼、下颌、颈部、双唇、肩膀、背部、腹部、双腿的顺序,依据上面的练习方法,使这些部位的肌肉都紧张起来,认真感受这种紧张状态…然后慢慢放松下来,使所有部位的肌肉都慢慢松弛下来…现在继续深呼吸3次,然后再将上面的练习重复一次,先紧张起来…然后慢慢放松…现在开始进行正常的呼吸,想象自己全身的肌肉都处于完全放松的状态,尽情享受这种放松。

2. 自生放松法

自生放松法是指通过指导语诱发练习者自身产生某种感觉体验,进而达到精神和身体放松的心理训练方法。

下面我们将具体介绍自生放松法的使用方式。

（1）准备姿势

①方式一:练习者自然放松地坐在椅子上,双眼轻轻闭上,双臂放在椅子扶手或者双腿上,双脚自然分开,脚尖稍微朝外。

②方式二:练习者自然放松地躺在床上,双眼轻轻闭上,双臂自然放在身体两侧,掌心朝下,双腿自然分开,脚尖稍微朝外。

（2）练习引导语

我正在进行平稳而又缓慢的呼吸。

我觉得我的周围一片安静。

我觉得自己现在非常放松。

我的双脚感到沉重,我的双脚放松下来。

我的踝关节感到沉重,我的踝关节放松下来;我的膝关节感到沉重,我的膝关节放松下来;我的双脚、踝关节、膝关节、臀部全部感到沉重,我的双脚、踝关节、膝关节、臀部全部放松下来。

我的腹部感到沉重,我的腹部放松下来。

我的双手感到沉重,我的双手放松下来;我的手臂感到沉重,我的手臂放松下来;我的肩膀感到沉重,我的肩膀放松下来;我的双手、双臂、肩膀全部感到沉重,我的双手、双臂、肩膀全部放松下来。

我的整个身体都感受到宁静;我的整个身体都觉得沉重;我的整个身体都放松下来。

我的呼吸越来越深,我的呼吸越来越慢。

我现在觉得自己非常放松。

我的双臂和双手都觉得非常沉重并且温暖。

我感到非常安静。

我正处于完全放松的状态,我的双手放松而温暖。

一股轻松的暖流慢慢进入我的双手、双臂、双腿、双脚,现在我的双手、双臂、双腿、双脚感到温暖而放松。

我的呼吸平缓而深沉。

我觉得我的身体非常放松,我现在感到宁静而舒适。

我的头脑宁静而空白,我感受不到周围的一切。

我保持宁静,我所有的思想都集中到身体的内部。

我的身体深处,我的大脑深处,我都是宁静而放松的。

我的头脑是清醒的,我全部的思绪都集中在身体内部,我整个人放松而宁静。

我的头脑平静,我的呼吸匀称且深入。

我感到一种内部的平静。

我要保持这种状态一分钟。

现在结束这种放松宁静的状态,深吸一口气,慢慢起身,感觉有力量从我身体的各个部位流进我的身体,我觉得自己充满了力量和活力。

(二)系统脱敏训练法

系统脱敏训练法又被称作交互抑制法,是一种以渐进方式克服神经症焦虑的技术。其原理是,当人的精神逐渐适应某种刺激,对其的反应就不再敏感,机体也不再会因为精神受到刺激而进入紧张状态。

系统脱敏训练主要包含三个程序,下面我们具体阐述。

1. 制定等级反应表

了解能够引起练习者恐怖或者焦虑情绪的刺激,对这些刺激进行等级划分,并制作成等级表。

2. 放松训练

进行放松练习，每次进行 6 ~ 10 次的练习，练习的持续时间在 30 分钟左右；每天找 1 ~ 2 个时间段进行练习，目标是能够实现全身肌肉的放松。

3. 分级脱敏练习

（1）放松。可以采用放松训练法展开这一步骤。

（2）想象脱敏训练。这一步骤是指，由引导者叙述能够对练习者产生恐怖或者焦虑刺激的场景，练习者想象引导者叙述的场景并逐渐适应场景的训练。

练习需要在安静的环境内进行，每次练习持续的时间需要在 1 小时以上才算有效。在练习的过程中，练习者必须清晰地想象场景，不能逃避。引导者根据刺激的等级由低到高进行叙述，中途如果练习者出现无法忍受的状况，则退回到刺激等级较低的练习中重复练习，直到练习者能够接受更高等级的刺激。一般整个练习的时间保持在 4 个小时以内为宜。

（3）适应训练

适应训练是整个训练中最为关键的步骤，它是指由最低等级开始到最高等级结束，练习者进行适应所有等级刺激的训练，并逐渐实现完全的心理适应。

一般在适应训练中，针对每个等级的刺激的训练都要重复多次，直到对这个等级的刺激完全不敏感为止。适应训练的频率为每周 1 ~ 2 次，每次训练持续的时间在半个小时左右。

（三）表象训练法

表象训练法是指不借助外部刺激，只是在头脑中将人体的一切感觉经验再现或者重构的心理过程。

一个完整的表象训练过程应该包含如下程序。

1. 表象知识介绍

要求运动员充分了解运动表象，掌握其特点和作用等内容。

2.表象能力测定

通过设置规定情景,对运动员的表象能力进行测定,从听觉、视觉等感觉的清晰性,情绪体验的深度,表象的控制能力等角度设置表象能力的等级,确定运动员的表象能力等级;根据运动员的表象能力设定表象训练的目标和任务,制订表象训练的计划。

3.基础表象训练

基础表象训练的目的是提高运动员的基础表象能力,为发展运动员的专项表象能力奠定基础,主要训练内容为提高感觉觉察能力训练、提高表象清晰性训练、提高表象控制性训练等,是整个表象训练中最重要的一个程序。

(四)暗示训练法

暗示训练法是指,利用语言等暗示物,有意对运动员的心理施加影响,最终使运动员的行为朝着预期的方向发展的心理训练方法。

一个完整的暗示训练过程应该包含以下六个程序。

(1)使运动员充分认识到语言在影响人的心理、行为方面的作用。

(2)了解运动员在训练或者比赛过程中比较常出现的消极心理,比如"这个动作太难了,我不可能学会的"等。

(3)帮助运动员树立正确认识这些消极心理的态度。

(4)制定一些积极的暗示语来对抗这种消极心理,比如"有志者,事竟成"等。

(5)经常重复这些积极的暗示语来改善自己的心态,可以确定固定的时间进行心理暗示,比如每次运动训练之前、每次训练遇到困难的时候等。

(6)养成经常对自己进行积极的心理暗示的习惯,使自己在生活中形成积极、乐观的心态。

三、赛时心理调节方法

（一）呼吸调节法

呼吸调节法是指运动员通过调节自己的呼吸方式、频率和深度来调控自己的心理状态的方法。

这里我们将介绍一种"一分钟呼吸"的呼吸调节法，以供参考。

（1）运动员在赛场附近找一个位置坐下，双腿盘起，两手自然搭放在双腿上，掌心朝下，嘴巴轻轻闭合，下巴稍微向内收起，肩膀自然向两侧微微下垂，双眼轻轻闭合，聚气于丹田。

（2）用鼻子缓缓深吸一口气，在脑海中想象空气从鼻腔进入胸腔，再到腹腔的过程，在空气进入腹腔的同时，将小腹慢慢鼓起，尽力鼓到最大的程度，然后保持这个状态几秒钟，再将小腹慢慢缩小收回，缓缓深呼一口气，想象空气从腹腔到胸腔、再到鼻腔，最终被慢慢吐出去的过程。均匀呼气的同时，在脑海中默念次数"1"。

（3）再次重复上述第二步的整个过程，最后均匀吐气的同时在脑海中默念次数"2"。

（4）反复重复10次左右，注意每次练习的时间不用过长，整个练习过程持续的时间大概为1分钟。通过深度、缓慢的腹式呼吸，降低精神的紧张程度。

（二）活动调节法

活动调节法是指运动员利用身体活动来调节心理状态的心理训练方法。

活动调节法的原理是，大脑和肌肉之间能够进行双向的信息传递。即当肌肉处于活跃的运动状态时，肌肉向大脑传递的冲动的数量就越多，大脑的兴奋水平也会随之提高；当肌肉处于放松的安静状态时，肌肉向大脑传递的冲动的数量就越少，大脑的兴奋水平也会随之降低。

动作的速度、强度、幅度、方向、节奏等都会对运动员的心理状态和情绪产生影响，运动员可以通过调整这些因素进行心理调节。一般来

说,动作的强度、速度、节奏与人的兴奋水平呈正方向变化的关系,即在
其他条件不变的情况下,强度越大或速度越快或节奏越快,大脑的兴奋
水平都会随之升高;但是动作幅度和人的兴奋水平呈反方向变化的关
系,即在其他条件不变的情况下,动作幅度越大,大脑的兴奋水平也就
越低。此外,动作方向对人的兴奋水平的影响为,人在做变向动作的时
候,大脑的兴奋水平会有所提高。

（三）暗示调节法

暗示调节法是指运动员利用语言、动作、表情等方式对自己进行心
理暗示,进而调控自己的心理训练方法。

心理暗示包含自我心理暗示和他人心理暗示。当运动员在赛场上
感觉自己的心理和情绪出现问题时,要积极进行自我暗示,比如在心里
对自己说一些积极的话语,"这次一定可以做到""根据我的实力完全
不需要紧张"等;还可以通过坚定握拳、向自己竖大拇指等动作使自己
放松或者获得信心;还可以通过微笑等表情来缓解自己的紧张情绪等。
教练在比赛时也要注意关注运动员的变化,当运动员出现不好的情绪
时,教练应该在场外通过各种表情、手势等对运动员进行安抚和鼓励。

除了积极的心理暗示之外,还存在消极的心理暗示,运动员要了解
消极的心理暗示的内容以及其负面作用,避免对自己进行消极的心理暗
示。

（四）转移调节法

转移调节法是指运动员通过转移自己的注意力的方式来进行心理
调节的训练方法。

在正式比赛之前,运动员难免出现紧张等情绪,运动员要学会将自
己的注意力从比赛上转移到别的地方,可以去进行一些娱乐活动,如唱
歌、散步、看电影等。将注意力短暂地转移到别的事物上,能够缓解运动
员紧绷的情绪,使运动员的心理获得放松,有助于运动员在比赛时的正
常发挥。

（五）颜色调节法

颜色调节法是指通过改变运动员能够观察到的颜色，来对运动员的心理或者情绪进行调节。

根据科学研究证明，不同的颜色会对人的情绪产生不同的影响，比如类似于蓝色、绿色、白色等冷色调的颜色，能够使人脑的兴奋水平降低，使人逐渐平静下来；而红色、黄色、橙色等暖色调的颜色，则能够提高人脑的兴奋水平，使人的情绪更加活跃、兴奋。

颜色调节法在实际比赛中的使用已经非常常见。比如我国国家足球队在比赛时经常穿白色的比赛服装，使用白色的擦汗毛巾，连喝的水也是没有颜色的矿泉水，这能够帮助运动员稳定情绪，防止出现过度紧张的状态。而陕西女子足球队的运动员在训练时则经常穿红色或者黄色这种暖色调的运动背心，以对运动员产生更加强烈的刺激，提高运动员的兴奋水平，实现更好的训练效果。

下面我们将通过表格的形式，列举各种在比赛时可能遇到的情景，并给出心理调节方法。

表 4-1　运动员在比赛时可能遇到的情景以及相应的心理调节方法[①]

情景举例	心理调节方法
比赛前的训练效果较差	明白运动员的状态经常会有变化，以平和的心态接受事实； 多多观看优秀运动员比赛或者训练的录像，分析并学习其动作； 在脑海中重现自己以往完成该动作时的情景和感觉，试着找回当时的感觉； 以积极的心态分析该状态，比如比赛前状态较差有利于为比赛积蓄能量； 暂时将注意力转移到一些自己感兴趣的事情上，使自己获得乐趣和放松； 暂时减轻训练压力，集中精力进行关键动作和技术的练习
出现赛前疲劳状况	及时向教练反映情况，方便教练了解原因、制订对策； 适当减少赛前训练量； 增加休息时间，进行专业理疗或者按摩，帮助机体尽快恢复； 保持积极的心理和态度，防止过度焦虑； 在恢复机体的同时，采用各种心理训练方法帮助心理放松，达到身心一致

① 张忠秋.优秀运动员心理训练实用指南 [M].北京：人民体育出版社，2007.

续表

情景举例	心理调节方法
比赛之前发现比赛对手实力十分强大	采用心理暗示等方式,增强自己的自信心,比如告诉自己"我就是最强的""以我的实力完全能够战胜你"等; 相信并保持自己的长处; 寻找对手的弱点; 坚信"不怕强敌"的拼搏精神和"勇往直前"的毅力能够帮助自己战胜所有对手
赛前出现焦虑不安的情绪	静坐或者静躺 3 ~ 5 分钟,帮助暂时稳定自己的情绪; 听一些比较温柔舒缓的音乐; 和队友或者教练进行深入交流,倾诉自己的情绪; 每天留出 15 ~ 20 分钟的时间散步,散步时留意周围的景色,感受悠闲放松的氛围; 坚持进行心理训练,可以采用放松训练法或者表象训练法等,专业的心理训练方式能够达到更明显、更持久的效果
等待比赛的时间过长	事先对比赛过程中可能出现的各种情况做好心理准备; 以积极的心态面对:正好可以利用这段时间进行充分的准备,防止临时准备不足的状况; 进行一些轻松的身体练习,使机体保持良好的状态; 适当地为身体补充一些能量; 进行一些表象练习,寻找良好的比赛感觉
预赛成功	稳定自己的情绪,防止兴奋水平过高,迅速将注意力转移到下一场比赛中; 增强自己的信心,相信自己能够继续取得让人满意的成绩; 进行表象练习,重现自己在预赛中的表现和感觉,帮助完善自己的技能,寻找良好的比赛感觉; 继续坚持训练,在掌握动作的基础上完成动作的流畅感和节奏感
预赛成绩不理想	保持清醒的头脑,忘记失败,将注意力转移到下一场比赛中; 针对自己出现失误的地方,加强练习; 调整心态,保持信心,及时发现失误是好事,还有时间进行改正和练习,能够防止决赛出现失误; 勇于挑战,竞技运动本身就是一项要求运动员在失败中越挫越勇的项目; 进行表象练习,回忆自己在出色发挥时的动作感觉和节奏
比赛时排在自己前面的运动员成功完成了动作	别人都可以成功完成动作,那我也没有问题; 有了别人的经验,我能更出色地完成动作; 我比前一位运动员的准备时间更充足; 在脑海中进行动作演练,寻找比赛感觉

续表

情景举例	心理调节方法
比赛时排在自己前面的运动员发生了失误	别人的失误能给我刺激,让我更加清醒; 我能从别人的失误中借鉴经验,起码在这个地方不会继续犯错; 保持积极的心态:比赛时连续出现两位运动员失误的情况比较少见,所以我一定能够成功完成动作; 在脑海中进行动作演练,寻找比赛感觉
自己还有一些动作掌握不到位	观看优秀运动员的训练或者比赛录像,借鉴别人的方法和技巧; 进行表象练习,重现自己成功完成动作时的感觉和状态,寻找良好的比赛感觉; 以积极的心态面对:每个运动员都有自己相对劣势的地方,相信自己在比赛时能成功完成动作; 在脑海中进行动作演练,一方面更加熟悉动作,另一方面从思考中寻找新的突破
比赛前突然身体不适	以积极的心态面对,比赛时本来就可能会发生各种各样的事情; 及时向教练报告,方便教练制订对策; 进行积极的自我暗示,相信自己的身体素质,相信即使身体不适也能顺利完成比赛; 转移自己的注意力,将全部注意力集中到比赛动作上
裁判结果不合理	事先做好心理准备,这种情况也是比赛可能会出现的情景; 不用自责,这种情况并不属于自己的可控因素; 稳定自己的心态,坦然进行接下来的比赛; 在接下来的比赛中以坚定的心态更好地发挥,回击不合理的裁判

四、运动员常见心理问题的调节

(一)抑郁心理调节

1. 从运动员自身的角度出发

(1)学会宣泄自己的情绪

情绪宣泄是心理调节的重要方法之一。当运动员感觉自己的情绪状态不对时,可以用大哭、大喊、写日记、和别人进行交流倾诉等方式将自己的情绪宣泄出来,将不好的情绪宣泄出来之后内心的抑郁将会有所改善。

（2）转移注意力

过于关注一件事可能会导致我们的情绪被放大，当感觉自己心情抑郁时，要学会及时地将自己的注意力从引发抑郁情绪的事物上转移开，避免自己一直陷入抑郁的情绪难以自拔。

（3）宽容对待自己

虽然比赛的胜负对运动员来说非常重要，运动员应该严格要求自己，但是严格的点应该在于自己对训练和比赛的认真态度，而不是比赛的输赢。运动员应该学会宽容对待自己，即使输掉比赛也不苛责自己，越挫越勇。

2. 从教练的角度出发

（1）引导运动员进行自我诊断、自我调适

及时发现抑郁症状非常重要，教练员在平时的训练中应该经常引导运动员进行自我心理诊断，以便早发现早治疗；教练还应该十分关注运动员的心理健康问题，引导运动员经常进行自我心理调适，帮助运动员排解情绪，保持心理健康。

（2）多对运动员进行肯定和鼓励

获得他人的认可能够提高人们的自尊、自信水平，有利于人们的心理健康。教练在平时的训练中应该多用积极的语言对运动员进行认可和鼓励，激发运动员的内在兴趣和内在动机，帮助运动员建立自尊和自信。

（3）制订科学合理的训练方案

压力也是导致人们患上抑郁症的一大因素，教练应该根据运动员的实际状况，在和运动员沟通的基础上制订科学合理的训练方案，既保证训练效果，又不给运动员过大的压力。

（4）引导运动员形成正确的输赢观

教练应该引导运动员正确看待比赛的输赢，胜不骄，败不馁，不过分纠结比赛的输赢。

（二）焦虑心理调节

1. 剖析恐惧产生的原因

当产生焦虑情绪时，要寻找专业人员进行咨询和治疗，在专业人员的引导下发掘能够引起焦虑和痛苦的事情，然后听从专业人员的建议进行治疗。

2. 运用想象减轻焦虑

当对某些场景或者事物产生焦虑情绪时，在脑海中反复想象这些事物、场景以及自己在面对这些事物、场景时应该怎么做，通过反复想象降低这些事物对自己的刺激以及自己的敏感度。以对即将到来的比赛感到焦虑的情况为例，可以按照从低到高的焦虑程度进行下列想象。

（1）想象比赛前一天晚上的情景以及自己当时应该怎么做。

（2）想象去比赛场地的路上的情景以及自己当时应该怎么做。

（3）想象自己到达比赛场地并坐在指定位置上的场景。

（4）想象自己比赛前做准备的情景以及自己应该做哪些准备。

（5）想象比赛时的场景、比赛可能会出现的状况、自己的应对方法等。

3. 培养理性乐观的思维模式

对自己平时的思维模式以及自己对待事物的观点进行剖析，发现自己在看待事物的方式以及态度上的问题。比如回想自己是否能够辩证地看待事物、是否知道变通、是否能够确定对事物的合理预期等，比如自己能否综合评估事物，从好坏两个方面客观对待事物，而不是一头钻进事物悲观的一面难以自拔等。了解自己的不足之后，在之后的处事过程中有意识地进行纠正，逐渐培养正确的思维方式以及乐观的处事态度。

（三）强迫心理调节

1. 识别强迫思想和行为

对自己出现的每一个想法进行分析判断，识别出其中的强迫思想，这种思想的出现难以抑制，因此不必苛责自己，但是要学会拒绝对这种思想作出反应，将其只停留在"空想"上面；对自己的行为进行识别，发现自己正在开展强迫行为时要让自己镇定下来，停止自己的行为。

2. 学会正确为强迫想法归因

强迫想法是来自脑部生化的不平衡，是完全没有意义的，应该充分了解大脑在强迫表现中扮演的角色，知晓强迫想法是大脑的错误信息连接。降低自己对强迫想法的在意程度，学会忽略强迫的方法，逐渐帮助自己改善大脑的生化反应，使自己摆脱强迫症。

3. 学会及时转移注意力

当意识到自己又出现强迫的思想或者行为的时候，应该及时将自己的注意力转移到自己感兴趣并且有意义的事情上。比如发现自己想要反复洗手，就立刻开始做一些出门散步、听音乐、玩手机等事情，将自己的注意力从"想要洗手"这件事上转移开。可以对自己每次转移注意力的效果进行记录并评价，肯定自己的进步，对自己进行积极的心理暗示，鼓励自己继续进步。

4. 再评价

当经过前三个步骤的练习，降低自己的强迫冲动，使自己平静下来之后，尝试对引发自己的强迫想法或者强迫行为的事物进行评价，了解这些事物的价值和意义。在评价时要将自己放在旁观者的位置，保持客观冷静，形成对这些事物的正确认识，逐渐降低自己的强迫冲动。

第二节　运动智能训练

运动智能同运动心理一样,是左右运动训练效果的重要因素,通过提升运动员的运动智能,能够在一定程度上有效提升运动员的运动水平和比赛成绩。本节将对运动智能训练的具体内容进行分析。

一、运动智能训练的基本内容

(一)运动理论知识教育

1. 一般理论知识

一般理论知识是指从事所有运动项目都应该掌握的基础理论知识,具有共性的特点。一般理论知识包含运动心理学、运动训练学、运动医学、运动解剖学等多个学科的理论知识。

2. 专项理论知识

专项理论知识是指和从事的运动专项相关的理论知识,包括专项技术分析、战术知识、比赛规则、运动负荷与恢复、运动器械的使用方法、裁判方法以及自我监督等方面的知识。

(二)智力因素培养

对运动员的智力因素培养应该从以下几方面展开。

(1)运动活动的实际操作能力,主要是指运动员学习、掌握以及运用运动技战术的能力。

(2)运动活动的观察力,主要是指运动员对自己和他人的运动行为以及相应的变化的感知能力。

（3）运动活动的适应能力，主要是指运动员对运动负荷、运动方法、运动技战术等内容的接受能力。

（4）运动活动的思维力，主要是指运动员建立动作概念的准确性、战术思维的敏捷性等。

（5）运动活动的记忆力，主要是指运动员建立动作表象的速度和准确度。

二、运动智能训练的基本要求

（一）将智能训练常规化、必要化

运动员的智能对于运动技能的提升和心理调节能力的发展都有非常重要的作用，应该重视运动智能的价值，将智能训练纳入运动训练中，并将其作为常规化、必要化的一部分，制定多年、全年、阶段、周课的智能训练计划，通过训练手段提升运动员的智能水平。

（二）提高运动员的认识

运动员是运动训练的主体，最终的训练效果都要通过运动员展现出来。如果运动员从心理上轻视某些训练内容的作用，自然难以以认真的态度和行为去进行训练。在过去的运动训练中，人们往往忽视了智能训练的价值，运动员对智能训练的重视程度也不够。想要改变这种状况，应该引导运动员认识并认可智能训练的作用，从心底重视智能训练，认真对待智能训练。

（三）因材施教

智能训练应该尊重运动员的个性化特征，比如运动员的年龄、文化水平、智商等，结合运动员的特征制定训练方案和训练计划，因材施教。只有这样才能符合运动员的智能发展规律、激发运动员的训练热情，取得良好的智能训练效果。

三、运动智能训练的方法

（一）一般智能的训练方法

一般智能是运动智能发展的基础条件，一般智能主要包括观察力、记忆力、思维和想象力等。

1. 观察力训练

观察力是指人们有意识、有目的地感知信息的能力。观察力是运动员的重要智力因素之一，在运动动作、技战术的学习，对手的分析，赛场环境的掌握等情境中都有着不可代替的作用。

观察力的构成包含观察方法、观察习惯、观察技巧等，是在长期的观察活动中形成的。对运动员进行观察能力的培养，最有效的方式就是为其布置一定的观察任务，让其通过实践活动获得经验。在布置观察任务之前，教授运动员一定的观察方法和技巧，要求运动员在观察任务中使用并逐渐掌握这些方法和技巧，并鼓励运动员建立自己的观察方法。在运动员刚开始进行观察任务时，要给其以清晰细致的指导，比如帮助运动员做好观察的准备工作、列出观察计划、明确观察任务、指明观察的重点等。

2. 记忆力训练

记忆力是指人们识记、保持、再认识和重现客观事物所反映的内容和经验的能力，一般通过建立表象的速度和清晰程度、准确程度显示出来。记忆力也是运动员的重要智力因素之一，在运动动作、运动技术、运动战术的学习中有着非常重要的作用。

对运动员进行记忆力训练，最有效的方式就是布置训练任务，让运动员在实践中不断提高自己的记忆力水平。比如可以要求运动员在较短的时间内快速记住一套组合动作并重复出来，以此来发展运动员的瞬时快速记忆能力；再比如可以要求运动员记忆某次比赛的场景，然后进行不定时的提问，以此来发展运动员的长期记忆能力。在运动员的记忆力训练中，最重要的是要让运动员掌握记忆的方法和技巧。

3.思维和想象力训练

思维是构成智力的最核心的要素。对运动员进行思维和想象力训练的最终目的是使运动员掌握正确的思维规律,学会熟练运用自己的思维,提高自己的思维能力,改善大脑的结构功能。

思维和想象力训练的方法有以下几种。

(1)通过要求运动员有逻辑地进行比赛预测并分析解释自己的预测依据、要求运动员对比赛场上的信息进行加工综合等方式,锻炼运动员运用逻辑思维进行思考的能力。

(2)加强对运动员的形象记忆力和想象力的训练。比如组织一些人进行动作反应练习,要求运动员在这个过程中学会辨别动作的真伪,并总结经验;还可以要求运动员经常进行动作表象练习,重现或者重构一些动作和技术;加强对运动员的理论知识教育,培养运动员通过现象看本质的能力。

(3)注重培养运动员的直觉能力。鼓励运动员分享自己的新奇想法,支持运动员在某些场景中即兴发挥,培养运动员的创造思维。

(4)加强对运动员的思维速度的培养。随着竞技运动发展的深入,当今竞技比赛的激烈程度逐渐提升,在比赛中留给运动员的判断时间和反应时间非常短暂,这就要求运动员必须要不断加快自己的思维速度,快速应对比赛中发生的各种状况。

(二)运动智能的主要训练方法

1.传授基础知识的同时发展运动员的运动智能

(1)传授训练规律和训练原理相关的知识

训练规律和训练原理相关的知识,是从运动实践中总结、提炼以及发展出来的,是运动知识的精华。了解并掌握这些知识能够丰富运动员的知识储备,提高运动员的运动智能。

(2)多种教学方法结合运用

在理论知识的教学中使用多种教学方法,能够有针对性地发挥每种教学方法的优势,激发学生的学习兴趣,取得良好的教学效果。同样,多种教学方式的运用也有助于穿插在理论教学中的智能培训取得良好的效果。

（3）理论与实践相结合

理论知识的教学应该与实践活动相结合。一方面,单纯的理论知识教学稍显枯燥和单调,容易挫伤运动员的学习兴趣;另一方面,将理论知识教学与实践结合在一起,能够锻炼运动员将理论知识应用到实践中的实操能力,也能够使运动员更好地理解和掌握理论知识。

2.传授专项理论知识时发展运动员的智能

（1）加强专项技战术分析和战术意识培养

在传授专项理论知识时,应该培养学生进行运动技术、战术分析的能力以及培养运动员的战术意识。比如,要求运动员观看一场比赛视频,对比赛中运动员使用的各种运动员技术进行分析,并指出运动员使用的战术,以及列举在这种比赛情境下能够使用的别的运动战术,以此来培养运动员的技战术分析能力和战术意识。

（2）全面熟悉运动比赛

对运动比赛的熟悉程度也是影响运动员的智能发展和发挥的重要因素,在专项理论知识的传授中,应该结合运动专项的特点,向运动员介绍所有和比赛相关的知识,使运动员全面熟悉运动比赛。比如通过向运动员介绍比赛规则、裁判方法等,发展运动员的适应能力;通过向运动员介绍比赛流程、比赛器械的使用方法等,发展运动员的实操能力,等等。

3.在运动训练过程中发展运动员的智能

（1）科学组织训练过程

应该要求运动员了解组织运动训练的相关知识,并让运动员参与到运动训练的组织过程中。引导运动员思考训练目标是否合理、训练计划是否科学、训练内容是否合适、训练方法是否有效、训练负荷是否在运动员的承担范围之内等,以增加运动员知识储备量的方式来促进其运动智能的发展和提高。

（2）加强对运动员的体能素质和运动技战术的训练

增强对运动员的体能素质训练和运动技战术训练,有助于发展其运动感知能力、运动表象能力、战术思维能力、适应能力、实际操作能力等,能够有效促进运动员智能水平的提高。

（3）经常进行实战演练

实战演练会模拟实际比赛的场地、氛围、流程、比赛方式等,运动员能够以严肃的态度对待实战演练,认真地将自己的训练成果展示出来。通过实战演练,能够发展运动员的实际操作能力、适应能力、观察能力、战术思维能力等,促进运动员的智能发展。

第五章

运动员科学训练之技战术训练指导

在竞技体育运动中,运动员的竞技能力主要表现为技战术能力。因此技战术训练往往是运动员运动训练的核心内容,占有非常重要的位置,并且技战术训练也将贯穿运动员运动生涯的全过程。本章将从运动员技术训练和运动员战术训练进行全面的分析。

第一节　运动员技术训练

　　运动员的技术训练是贯穿运动员运动生涯中的重要内容,因为运动技能是他们的立身之本,无论其运动技能已经发展到多高的水平,仍然要坚持技术训练,因为一旦生疏,其技术就会或多或少地下降,这对于运动员而言将是致命的伤害。本节将对运动技术训练的具体内容展开研究。

一、运动技术的基本定义

　　运动技术是完成各种体育项目所需的一些动作方法,是运动员竞技能力的重要因素。不同的体育项目都有自己独特的动作技术,如果想出色地掌握某种运动项目,那么需要学习和掌握其相应的运动技术。精彩的运动比赛往往是以高水平运动员表现出精湛的运动技术为核心,而运动技术的充分发挥则需要在符合项目运动规则要求的前提下,运动员将生理能力与心理能力同时调节到最佳水平,从而取得最好的竞技效果。但是任何一种运动技术首先要做到符合人体科学、人体运动力学的基本原理,而不是盲目地、违背科学地蛮干。这是训练中要谨记的一项原则,不能为了达到某个技术目标而超过人体的正常承受范围。在训练的过程中应该依据个体的生理特点,从实际出发,选择和掌握具有个人特征的运动技术,这样既有助于个人特长的最大限度发挥,同时又是安全合理的、符合科学理论依据的。

二、运动技术的基本结构

(一)技术动作的基本构成

技术动作的最小单位就是技术的微观结构,它是在一定的顺序下由若干个动作基本环节构成的。每一项技术动作中都包括若干个基本环节。比如,跳远技术动作的基本环节就是助跑、踏跳、腾空和落地。这些基本环节按照特定的顺序依次完成,于是就形成了一个技术动作,一般情况下这个顺序是不做轻易改变的。于是有人起了一个很形象的名字叫"技术链"。

(二)技术动作的基本组合

若干独立的技术动作按照一定的技术目的连接起来成为一个动作集合,就是技术组合。技术动作的组合是为了实现某个技术目的,不同的目的会有不同的组合。技术动作与技术动作的组合共同构成了运动技术。

三、运动员技术训练的常用方法

(一)直观法

直观法是指借助各种感觉器官建立起对动作的清晰、直观深刻的表象,获得感性认识,进而进行学习的一种训练方法。直观法是非常普遍和常用的一种训练方法,比如教练员对动作进行示范,对经典的动作进行观摩等。运用直观法应注意以下三点。

(1)把直观法和积极思维相结合。感性认识只有升华为理性认识才能形成正确的动作概念,才能真正地掌握动作。这个过程就需要运动员积极地思维,勤思考、多摸索,从而全面牢固地掌握动作。

(2)直观法对于运动水平较低、年龄较小的运动员掌握动作是最为重要的手段之一。

（3）直观法的运用一定要注意示范动作要正确、规范、严谨,否则对运动员造成错误记忆将严重影响后续的训练和发展。

（二）语言法

语言法是指教练运用各种形式的语言指导运动员学习和掌握技术动作的训练方法。语言法在实际运用中要注意以下几个方面。

1. 精讲多练

教练员借助语言法深入分析动作技术,并且要尽量做到简明扼要、重点突出、生动形象地进行表述,使运动员在头脑中建立一个"内部校标",通过反复的练习逐步掌握动作。需要强调的是,尽管语言法是教练借助语言对技术动作进行讲解,但是运动技术训练中还是以运动员的实际操练为主,教练应该给运动员足够的操练时间。语言法可以起到提纲挈领的作用,而实际操练才是运动员掌握技术动作的唯一途径。也就是说,在训练中实际操练是训练的主要部分。

2. 使用术语

术语是用高度凝练的语言来说明某个动作的名称、技术特点、动作结构、动作规格等。在行业内广泛运用和接受,因此对术语的巧妙运用可以大大地提升效率,并且也有利于运动员对动作的记忆和彼此间的切磋交流。

3. 使用口诀

口诀是指有经验的教练经过多年的经验总结出一套简单且容易记的精炼语句,朗朗上口有一定的韵律,甚至有时还具有一定的趣味性,是将一些复杂困难的技术动作的核心要领法进行高度提炼,这也对运动员掌握动作具有明显帮助。

4. 语言的科学性

教练的技术讲解语言一定要做到科学严谨且经得住推敲,具有严密的逻辑和理论依据,这是对教练的理论水平和教学水平的综合要求。在进行技术动作的讲解时,教练的语言在某种程度上就是教科书,因此语言必须科学、严谨、准确,只有这样才能保证教学的准确性。

5. 语言的艺术性

对于语言的艺术性是指教练的语言应该在科学准确的前提下,还能做到形象、生动、有趣。而形象、生动、有趣的语言是提高教学效率的一个重要手段,因为它不仅能吸引运动员的注意力,还能调动他们的主动性和积极性。

（三）分解法

分解法是指把完整的技术动作按其基本环节,分成若干相对独立的部分,使运动员分别进行练习的训练方法。

（1）如果技术动作危险性较大,应采用分解法。通过分解动作,降低运动员的受伤风险,增加运动员的练习信心和投入程度,从而加快学习效率。

（2）如果技术动作对身体素质的要求较高,应采用分解法。通过分解动作,达到降低动作对身体素质的要求的目的,降低运动员的练习门槛,帮助运动员建立学习的信心,从而令日后掌握动作成为可能。

（3）技术动作的分解是分离出技术环节。分离动作环节时要注意动作环节的合理分解,特别是核心动作环节,要保证核心动作环节的完整性和连续性不能被破坏。

（4）不宜长时间地使用分解法,会破坏运动员对完整技术动作的掌握,应该与完整法结合使用。

（四）完整法

完整法是指运动员从技术动作的开始姿势到结束姿势,按照其原本的顺序完整地进行练习的训练方法。优点是从一开始就建立了完整的技术动作概念,多用于学习简单的技术动作,或者不能分解的复杂技术动作。有时候,一些难度较大的技术动作不易分解,或者不能分解,教练只能采取完整法教学,那么需要注意降低技术难度,比如降低动作的速度或者动作的幅度,以运动员能保证基本动作的结构正确为标准,也就是说,技术的完整性优先于技术难度,当运动员能够在较低难度水平上完整且正确地完成动作之后,拥有了一定的技术信心,此时再逐步加大难度进行练习,直至熟练、完整地掌握原有难度的技术动作。

四、运动员技术训练的基本要求

(一)基本技术与高难度技术

1. 在"基本功"面前人人平等

无论什么运动项目,基本技术都是重中之重,是运动员的运动职业的根本,必须长期地、系统地、坚持不懈地进行训练。即使是已经具备了高水平运动能力的运动员,其基本技术训练仍然在训练中占有很大的比重,也就是说,无论运动水平发展到何种程度,都应该长期地进行基本技术训练。一般具有扎实基本功的运动员,其运动高峰期时间也会较长。

2. 高难度技术的领先即成绩的领先

对于像球类、体操、跳水等项目,除必须抓好基本技术训练外,还要不断地突破自己,以掌握更高难度的技术为目标。因为在这类运动项目中,高难度技术本身就是决定着运动成绩的重要因素,因而必须加以认真对待。我国的跳水项目之所以位于世界领先水平,就是因为始终"走在世界跳水难度的前面",难度领先,自然成绩领先。

(二)特长技术与全面技术

运动员具有了扎实的基本功还不够,还需要有自己的"杀手锏",才能跻身于高水平行列。在发展特长技术的时候,应该从三个因素考虑。首先,要考虑的是运动员的整体技术特征和位置特征;其次是运动员的杀手锏技术;再次是运动员的重要技术环节。

技术全面是发展特长技术的基础,只有在技术全面的基础上具有特长技术才有实际意义。否则,尽管有"一技之长",但是同时又具有很多漏洞和弱点,那么也很难在比赛中真正取胜。

(三)规范化与个体差异

在训练中技术的规范化非常重要,即必须准确规范地进行训练掌握动作,尤其像武术、体操这类项目尤为重要,否则很容易造成运动损伤甚至是伤残,使运动员提前结束运动生命。在技术训练的初级阶段或少儿训练中,要特别强调技术的规范化,否则训练越多错误越深。但是技术的规范化不是要求必须完全达到规范动作的标准,这基本上是不太可能实现的。因此,没有哪一名运动员可以同时具备所有人的优秀特征。因此,技术规范实际上是一种理论抽象,其目的是为技术动作的训练提供一个高标准的参照准则,是训练的基本方向。

教练和运动员自身都应该对技术特点有意识地重视和保护,并且经过客观的分析之后进行有目的地加强和发展,使这些特点发展为个人特长,从而攀登上世界体育竞技高峰的重要环节。在球类等对抗性项目中,技术的"实用性"是非常关键的。因为规范化不是目的,赢得比赛才是目的。而"实用性"是经过实践考验真实有效的,它既具有一定的规范化的属性,尽管并没有百分之百的符合规范,但是也因此保留了运动员的个人技术特点,也许这正是在比赛中成功战胜对手的"法宝"。因而在技术训练中,不拘泥于规范化,重视个性差异是极其重要的。

(四)循序渐进与难点先行

运动技术的组成部分之间都具有一定的内在联系。这也是进行技术训练时的重要依据,即应当沿着由低到高、由易到难、由浅到深、由分到合、由主到次的顺序进行联系。要服从"学习、提高、巩固,再学习、再提高、再巩固"的一般性程序。这种循序渐进、有条不紊的训练方式有利于运动员打牢基础,稳步前进。

然而,在具体实践中常常还有另外一种与之相对的训练方式,即"难点先行",或者叫作"先难后易""先深后浅",亦可收到良好的效果。例如跳水项目中,高难度技术往往就是决定成败的关键所在。尽管按照一般的训练规律来讲,要在运动员的少儿时期扎实地练好基本功,然后逐级增加技术难度。然而现实的另一面却是,随着少儿身体的发育、年龄的增长,运动员在心理上对一些高难动作的"畏惧感"也在逐步加大,给训练高难度技术动作带来了障碍。于是,我国跳水界大胆提出超常规的训练方式。由于少年时期运动员的体重轻、心理负担小,因此跃进式地发展难度技术动作训练,也就是将基本技术训练与难度技术发展密切结合。

第二节　运动员战术训练

运动员的战术训练是在技术训练的基础上,结合比赛的具体情况而展开的,以提升个人或团队的作战能力为目标的一种训练。如果缺乏必要的战术训练,那么即使运动员具有高超的技术能力,也未必能在比赛中取得优异的成绩,因此,战术训练对于竞技体育而言是非常必要的环节。

一、战术的基本概念

从广义来看,战术是指在比赛前制定的有利于本方取得比赛胜利的一些比赛策略,并且在比赛中可以适度灵活运用的具体方法。从狭义上讲,战术就是在衡量了比赛双方的实力水平和对作战情况的判断,有策略地分配力量,目的是充分发挥本方的优势并尽力克制对方力量的正常发挥。

二、战术的基本构成

(一)战术观念

战术观念是对战术概念、战术价值、战术运用条件等进行观察、认识和思维后产生的一种观念。影响战术观念的因素有很多,同一场比赛中教练和运动员的战术观念有时也会有差异,这是因为战术观念受到竞赛经验、知识结构、认知特点和思维方式等诸多因素的影响,每个人的知识结构、竞赛经验以及思维方式都大相径庭,于是形成的战术观念也略有差别是非常正常的现象。

（二）战术指导思想

战术指导思想是指在战术观念的影响下根据比赛的实际情况提出的战术运用的活动准则。

（三）战术意识

战术意识是指运动员在比赛中为达到特定目的而决定自己战术行为的思维活动过程。

（四）战术知识

战术知识包括战术理论及比赛的实践知识,包括对专项战术运用原则与战术形式、战术的发展趋势、比赛规则对战术运用的制约等方面的了解与把握程度。

（五）战术形式和战术行动

战术形式指战术活动中具有相对稳定的形态和结构的行动方式;战术行动指为达到特定战术目的而采用的动作、动作系列或动作组合。

三、战术的基本分类

战术在比赛中的作用至关重要,可以说任何一场比赛本质上就是技战术的较量。对战术的训练是运动员重要的训练内容。战术复杂多样,它的分类方法也各有不同,以下将从几个不同方面进行详细分析。

（一）按照战术的表现特点分类

1. 阵型战术

在集体性项目中，以一定的阵型排兵布阵，以组织本方的进攻，以及应对对手的进攻而进行防守。

2. 体力分配战术

体力分配战术指在比赛过程中通过合理分配体力而获得比赛优势的一种战术。比如长跑、游泳等项目的比赛中，运动员要善于根据比赛和自身的情况而对自己的体力进行合理的规划和分配。

3. 心理战术

心理战术主要是指以干扰或影响对手的心理状态为目的的，使其不能顺利完成预定的战术和行动的一种手段。比如诱使对手心理防线失控进而采取错误的战术行动或直接影响其正常的水平发挥，本方趁机发动强攻获得比赛的胜利。制造假象和形成错觉是心理干扰常用的手段。

（二）按照战术的攻防性质分类

1. 进攻战术

组织本方力量和资源向对手发动主动进攻的战术行动。

2. 防守战术

组织本方力量和资源阻碍对手进攻或破坏其进攻行为的战术行动。

3. 相持战术

相持战术是指当遇到水平相当的对手时，本方很难取得突破而采取拖住对手也不让其轻易突破的一种战术行动。

四、运动员战术训练的方法

（一）分解与完整训练法

分解战术训练法是相对完整训练法而提出的,它是指将完整的战术分解为若干相对独立的基本组成部分,然后逐个进行练习,通过降低复杂度和难度来实现学习效率。一般开始学习新的战术形式时最常采用的就是分解训练法。其目的是让运动员逐步地、扎实地掌握某种战术。

完整战术训练法,顾名思义是指完整地对战术组合进行练习的方法。采用这种方法需要一定的条件,比如需要运动员已经具备一定战术知识和战术能力,或者战术本身比较简单,没有太多的难点和障碍。完整训练法的优点是可以让运动员一气呵成、流畅地掌握完整的战术。

（二）"预见未来"训练法

运用高科技设备和手段,将未来有可能出现的比赛场景提前呈现在大屏幕上,帮助运动员预见自己有可能要应对的所有情况,通过模拟场景和计算机算法加强练习、提前准备。随着高科技手段不断地渗透进体育运动训练和比赛当中,对于训练运动员的临场作战能力、对技战术的练习和运用意义重大,为当代运动员提供了得天独厚的科技助力。

（三）实战法

实战法是指在比赛中培养运动员战术能力的方法。实战法会安排在重大比赛之前进行,通过让运动员体会比赛情境,激发其更好地发挥出自身的状态和技术水平的一种战术。

（四）加难与减难训练法

1.加难训练法

按高于比赛难度的要求进行训练的方法就是加难训练法。采用这种训练方法可促进运动员在复杂情况下的战术运用能力的提高。

战术训练中采用加难训练法的方式有以下几种。

（1）对技术动作完成的空间和时间条件进行限制。

（2）与比自己优秀的高水平运动员进行对抗。

（3）在比正式比赛条件更严格、更困难的情况下进行训练。

2.减难训练法

按低于比赛难度的要求进行战术训练的方法就是减难训练法。在战术训练初始阶段采用这一训练方法有助于运动员掌握战术的基本步骤，此后要逐渐提高难度。

五、运动员战术训练的要求

（一）掌握项目制胜规律

无论是体能训练、技术训练还是战术训练，根本目的就是为了在比赛中战胜对手取得胜利而做准备。每个项目中的制胜因素有很多，称为一个"因素群"。而若干因素之间又存在着必然性联系，这些联系的方式又各有不同，有的是互相促进，有的是互相制约，还有的是互相矛盾。因此，在进行战术的训练之前，要正确地认识和把握这些因素以及其相互之间的各种关系，才能做到在遵循制胜规律的前提下有效地训练战术。

（二）培养战术意识

只有大量进行比赛，让运动员亲身经历训练或者比赛中的对抗过程，才能自觉地形成战术意识，才能在真实的比赛中进行自如地发挥。

战术意识的培养还需要大量的时间,只有足够的经验积累才能获得,因此,战术意识的培养是一个相对漫长的过程,不过也不排除一些天赋极高的运动员本身就具备较好的战术意识,那么这样的运动员在比赛中就会获得天然的优势。

(三)培养战术运用能力

战术掌握的好坏要在实践中检验。因此,教练在日常的训练中就应该加强对运动员进行全面的战术训练,使运动员时刻牢记运用战术的目的是制胜,与制胜无关的、华而不实的动作都是多余且无益的。

第六章

田径与球类运动技能训练

　　田径与球类运动是竞技体育的重要组成部分,这两类运动各自包含的项目丰富多样,在训练过程中要结合各运动项目的专项特征与要求进行专业技能训练,以切实提高运动员的专项技能水平。限于篇幅,本章主要选取田径运动中的短跑、跳远、铅球三个项目和球类运动中的篮球、足球两个项目进行专项技术训练分析,为运动员与其他参与者科学训练提供指导。

第一节　田径运动训练

一、短跑技能训练

（一）起跑技术训练

1. 站立式起跑技术

双脚一前一后分开站立，两脚之间的距离为 1 ~ 1.5 个脚掌的长度；支撑腿屈膝下蹲，身体重心下降，身体向前倾，支撑腿异侧的手臂屈肘置于体前；听到起跑指令之后，双脚用力蹬地，迅速冲出去。

2. 蹲踞式起跑技术

运动员听到"各就位"口令之后，深呼吸 2 ~ 3 次，然后快速走到起跑器的位置，两脚分别放在起跑器的抵足板上；后腿膝盖跪地，肩膀置于起跑线正上方；双臂伸直，两手沿着起跑线分开放在地面上，双手之间的距离大于肩宽，其他四指并拢和大拇指形成"八"字支撑；颈部自然放松，视线落在前方 40 ~ 50 厘米的地面上。集中注意力，认真听下一个口令。

运动员听到"预备"口令之后，深呼吸，然后将臀部抬高到和肩部一般高或者略微高于肩部的位置；肩部稍微向前移动到超过起跑线的位置，身体重心也随之向前移动，此时主要由双臂和前腿支撑身体的重量；注意整个准备过程都要保持身体的稳定（此时的准备姿势如图 6-1 所示）。然后继续集中注意力，认真听下一个口令。

运动员听到起跑指令之后，双手迅速推离地面，两臂积极摆动，同时两腿迅速用力蹬起跑器，推动身体向前上方运动，然后前腿快速有力蹬地，并将髋关节、膝关节、踝关节同时伸展开。

图 6-1 蹲踞式起跑"预备"姿势

3. 技术训练

（1）训练方法

①推肩起跑练习。

②借助橡皮带等工具进行阻力起跑练习。

（2）注意事项

①刚开始时,由于运动员的技术上尚不熟练,所以不用过分强调要求运动员身体前倾,防止不慎摔倒。

②可以根据运动员的需求自行调整起跑器的位置和抵足板的角度。

（二）加速跑技术训练

1. 技术分析

后腿蹬离起跑器并前摆之后,积极下落到靠近身体中心投影点的位置,然后迅速开始下一次后蹬;前腿蹬离起跑器之后,同样迅速做前摆动作;正式开跑的前几步,跑步的感觉为两腿沿着两条距离较近的直线前进,后面逐渐变成想象两腿之间有一条直线,两条腿分别沿着直线的两侧快速前进;短跑中,需要加速跑的距离一般在 25 ~ 30 米。

2. 技术训练

（1）练习方法

①利用节拍引导加快步频练习。

②在跑道上标记一定的步长,要求运动员尽量将步子迈开到和标记步长相近长度的练习。

③进行第一步技术、摆臂技术、两腿蹬伸技术和前摆技术的练习。

④听信号蹲踞式起跑,加速跑 20 ~ 30 米。

（2）注意事项

刚开始训练时,要注意以单人训练为主,听枪声集体起跑要在掌握技术之后和训练的后期进行。

（三）途中跑技术训练

1. 腾空阶段

蹬地后,大腿积极发力上摆,小腿在大腿的带动以及蹬地产生的惯性之下也同时向上摆动,整个腿部在膝盖处弯曲,大腿和小腿之间形成折叠并继续做前摆动作；同时,摆动腿以髋关节为轴,积极做下压动作,膝关节自然放松,小腿在大腿积极下压的力以及身体向前的惯性的作用下,自然前伸,准备落地。

2. 缓冲阶段

落地时一般用前脚掌着地,注意落地要富有弹性。

3. 技术训练

（1）训练方法

①进行大步幅的反复跑练习,感受腿部前摆并带动髋部向前的技术。

②进行匀加速跑练习,感受途中跑的完整技术,每次练习的距离设置为 60 ~ 80 米。

③进行行进间跑步练习,练习的过程中注意动作的放松和自然。

（2）注意事项

①保证上、下肢动作的协调一致。

②注意锻炼跑步动作的自然放松,以及逐渐掌握以较大的步幅进行跑步的技术。

③随着技术的不断提升,逐渐加大训练距离以及训练时的速度,以突破原有的运动负荷。

（四）弯道跑技术训练

1. 技术分析

转为弯道跑时，注意将身体向跑道内侧倾斜，同时，为了保证顺利转入弯道，还要加大右腿的摆动幅度和蹬地力量，右臂的摆动力量和幅度也随着腿部的动作一同加大；弯道跑的过程中，身体始终保持向跑道内侧倾斜，右腿蹬地时，以前脚掌的内侧用力，左脚蹬地时，以前脚掌的外侧用力，并且无论是蹬地还是摆动，都应该向跑道内侧的方向倾斜，与身体的倾斜方向保持一致。

2. 训练方法

（1）技术训练

①采用慢速跑、中速跑、高速跑三种跑步方式围绕圆圈进行跑步练习，感受跑步速度与身体倾斜程度之间的关系。

②进行由直道跑专项弯道跑技术练习，每次练习的长度可以设置为30～40米，感受弯道技术。

③进行全弯道跑练习，帮助运动员感受进入弯道、弯道跑，以及跑出弯道的技术。

（2）注意事项

①注意弯道跑时强调的身体向跑道内侧倾斜不只是躯干向内倾斜，而是整个身体整体协调地向跑道内侧倾斜。

②注意进入弯道跑、进行弯道跑和跑出弯道各个过程中，双腿各自的蹬地力量、摆动幅度，双臂的摆动幅度和力量等因素的变化。

（五）终点跑技术训练

1. 技术分析

在距离终点线还有15～20米处的位置，两臂加速用力摆动，上半身前倾；在距离终点线只有一步时，上半身快速尽力前倾，用肩部或者胸部顶住终点线快速前冲，然后逐渐放慢速度并停下。

2.训练方法

（1）技术训练

①在慢跑中连续做上半身前倾撞线动作练习。

②在中速跑中连续做上半身前倾撞线动作练习。

③在快跑中连续做上半身前倾撞线动作练习。

（2）注意事项

①必须边向前跑步边撞线，不能跳起撞线。

②冲过终点之后要逐渐放慢跑步速度，不能突然停止，以防在惯性的作用下摔倒。

图6-2展示了采用蹲踞式起跑姿势的跑步过程，以供参考。

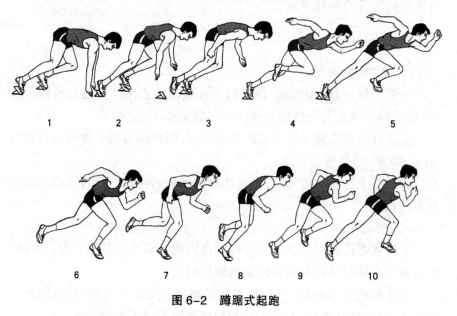

图6-2　蹲踞式起跑

二、跳远技能训练

（一）助跑与起跳结合技术训练

（1）原地起跳技术练习。原地站立，快速伸出摆动腿；然后起跳腿用力向前上方向迈出，并做出积极的起跳动作；同时，摆动腿用髋部发力带动腿部做积极的前摆动作。

该练习有以下几个需要注意的点。

①起跳脚蹬地时,起跳腿需要蹬直并用力发力。

②起跳腿落地时积极下压,先用脚后跟着地,然后整个脚掌置于地面,最后再慢慢过渡到以脚尖为着力点。

③起跳腿做蹬伸动作时,髋部用力前顶带动身体重心向前移动,同时双臂也要积极配合腿部的动作,为身体助力。

（2）在30米走动中做起跳技术练习,可以采用一步一起跳或者三步一起跳的练习形式。

该练习有以下几个需要注意的点。

①注意上下肢动作和蹬摆动作的配合,保持动作的协调性。

②随着动作熟练程度的提高,可以加快行进的速度,比如采用边慢跑边练习的方式。

（3）在20～30米距离的慢跑中进行一步一起跳成"腾空步"练习。

（4）在40～50米距离的跑动中连续完成三步一起跳成"腾空步"练习。

（5）短、中距离起跳成"腾空步"练习。起跳腿在体后充分蹬直,摆动腿大腿发力积极前摆,小腿自然放松;上半身保持挺直,整个身体形成"腾空步"姿势。

（6）借助俯角跳板或者斜坡跑道等工具,进行短、中距离的助跑起跳练习。

该练习有以下几个需要注意的点。

①刚开始采用比较慢的助跑速度,后面技术提升之后慢慢加快速度。

②起跳时,上半身停止,腰部挺拔,头部前顶,起跳腿充分蹬直发力。

③上肢动作和下肢动作协调配合。

（二）挺身式跳远的空中动作和落地技术训练

1. 原地挺身式跳远练习

（1）练习方法

①起跳腿在原地作为支撑腿,摆动腿屈膝上抬起,然后立即向后下方摆动,同时向前送髋带动身体重心前移。

②两臂随着摆动腿的动作,从身体的侧后方积极向前上方向摆动。

③两腿同时屈膝,然后向下、收腿、伸直、落地。

④双臂配合双腿的动作,同时向身体的后下方摆动。

（2）练习要求

①摆动腿向后下方向摆动的同时,应该积极向前上方向送髋,同时尽力伸展身体帮助身体前移。

②注意上下肢动作之间的协调性。

2.短距离助跑挺身式跳远练习

（1）练习方法

在短距离助跑的基础上进行练习,方法参考挺身式跳远练习。

（2）练习要求

①动作要自然放松,既不能过于松弛,也不能过于紧绷。

②摆动腿做前摆动作时,前摆的程度要超过身体位置。

3.中、长距离助跑挺身式跳远练习

（1）练习方法

在中、长距离助跑的基础上练习,方法参考挺身式跳远练习。

（2）练习要求

①身体腾空之后尽力做向前送髋动作,努力使身体前挺。

②尽量延长挺身的时间,为身体前移提供更大的助力。

（三）走步式跳远的空中动作和落地技术训练

（1）借助单杠或者双杠等器械,将身体架起,双腿悬在空中做交换腿技术练习。

练习要求:感受并掌握动作顺序以及肌肉的用力方式。

（2）行进间换步练习。在行进的同时,支撑腿用力伸直做蹬地动作,髋部在蹬地力量的推动下积极前顶,带动大腿向前迈步,两臂配合双腿做大幅度的环绕动作。

练习要求:

①要求积极进行送髋动作,由髋部带动大腿完成换步技术。

②注意换步动作的连贯性和流畅性。

（3）短、中距离走步式跳远练习。重点进行空中换步技术的练习，注意肌肉的用力方式、动作的顺序以及动作之间的连贯性。完成换步技术之后，摆动腿收回靠向起跳腿，两腿以并拢姿势向前落地。

（4）中、长距离走步式跳远练习。注意上肢动作和下肢动作协调配合。进行换步时，先是髋关节前顶发力，带动大腿前进，再由大腿发力带动小腿进行换步，注意发力的顺序。

三、掷铅球技能训练

（一）原地掷铅球技术训练

1. 握持球技术练习

（1）双手持球，进行两手之间的传球、接球练习。
（2）利用下蹲、站起以及体前屈等姿势进行握持球技术练习。

2. 原地正面掷铅球技术练习

（1）身体正对投掷方向，两脚一前一后分开站立，左右之间的距离稍微大于肩宽，左脚在前，脚尖稍微向内，右脚在后，脚尖正对投掷方向。
（2）右手持球，将球举高至锁骨处。
（3）上半身右转，左臂和左肩稍微向内缩。
（4）双目直视投掷方向，由大腿、躯干、胳膊联合发力，用力将铅球快速投掷出去。

3. 原地侧向掷铅球技术练习

（1）用身体左侧正对投掷方向，两脚左右分开站立，中间大约为一个半肩膀的宽度，右脚和投掷方向之间成直角，左脚和投掷方向成半个直角，左右脚站在同一条直线上。
（2）左腿保持站直状态，着力点为左脚掌前半部分的内侧，右腿弯曲，身体向右侧倾斜，身体的重心落在右腿上。
（3）右腿用力蹬地的同时向左侧转，联合躯干和手臂的力量将铅球快速投掷出去。

4.原地背面掷铅球技术练习

（1）身体背对投掷方向，两脚左右分开，脚尖朝外，两脚形成一个外"八"字站立。

（2）上半身用力转向右后方，达到腰部被扭紧的程度为止，然后上半身朝着右后方前屈到大约和地面平行的程度，背对投掷方向。

（3）右脚用力蹬地，同时上半身快速抬起并向左侧扭转，联合躯干和手臂的力量快速将铅球投掷出去。

5.原地掷铅球技术训练注意事项

（1）强调投掷铅球的过程中身体的用力顺序，分别是"蹬、转、送、抬、挺、撑、推、拨"。

（2）原地掷铅球技术是整个掷铅球运动中最基础也是最重要的技术之一，应该在每次训练中都留出一定的时间进行巩固练习，以帮助运动员打下坚实的基础。

（二）背向滑步技术训练

1.预摆和团身练习

（1）双手持球保持站立，上半身向前伸，左腿在身后向上抬起，左臂自然下垂。

（2）保持该姿势不变，同时右腿慢慢弯曲，左腿回收靠近右腿，形成"团身"姿势，注意保持身体的平衡和稳定。

2.摆动腿练习

（1）身体做团身姿势并保持稳定之后，臀部稍微向后移动，带动身体重心后移。

（2）身体重心越过右腿支撑点的同时，左腿以大腿发力带动小腿用力做后摆动作，使身体快速向投掷方向移动，身体重心也从右腿处转移到两腿之间的位置。

（3）上半身的姿势不变,继续前倾。

3. 收拉右腿练习

（1）摆腿动作结束之后,右脚的姿势为前脚掌搓地或者脚跟蹬地。
（2）上半身依旧保持前倾姿势,迅速将脚收到身体重心的下方,同时右腿的膝关节和踝关节内扣并和投掷方向保持垂直。

4. 背向滑步技术训练注意事项

（1）背向滑步技术难度系数比较高,训练时应该先以分解训练为主,在运动员掌握分解技术之后再锻炼动作的连贯性和流畅性。
（2）左腿的摆动方向为向后下方摆动;右腿收拉的速度要快、距离要合适;结束时注意身体的姿势和两脚的位置。

（三）背向滑步掷铅球完整技术训练

（1）背对投掷方向,双脚一前一后分开站立,右脚在前,左脚在后,脚尖都朝向外,形成一个"八"字。
（2）右腿从膝盖处稍微弯曲,上半身前倾。
（3）上半身姿势保持不变,右腿用力蹬地并伸直,然后迅速回收扣拉至身体重心之下,随即以背向最后用力的身体姿势将球推出。

图 6-3 为背向滑步掷铅球技术的完整过程,以供参考。

图 6-3　背向滑步掷铅球技术

第二节　球类运动训练

一、篮球技术训练

（一）移动技术训练

1. 训练建议

（1）在移动步法练习中，要先练基本站立姿势，然后练起动方法和各种攻守性的移动步法。

（2）在移动步法练习中，先放慢速度练习，对动作方法、动作重难点以及动作细节予以体会，然后向正常速度的步法练习过渡。

（3）将各种移动步法全面掌握后，要在攻守对抗练习中运用移动步法，提高移动技术的运用能力。

（4）将身体素质训练与移动步法训练结合起来，尤其要加强下肢力量与柔韧性、灵敏性的训练，同时将移动步法与基础技战术结合起来进行训练。

2. 训练方法

（1）起动快跑练习

①基本站立姿势，看信号起动快跑。

②原地起跳落地,看信号起动快跑。

③原地前后转身,看信号起动快跑。

(2)跳练习

①助跑两三步后,做单脚或双脚起跳。

②助跑单脚起跳做手摸篮板、篮圈训练。

(3)急停练习

①慢跑 3 ~ 5 步做跨步急停。

②跨步急停折回跑。

③跨步急停折线跑。

(4)转身练习

①快跑中连续做后转身。

②基本站立姿势,向左右做后转身 180°、270° 练习。

③快跑跨步急停后,向左右做后转身 180° 起动快跑。

(二)运球技术训练

1. 训练建议

(1)在运球训练中,先练习原地运球的方法,然后进行关于行进间运球、变向运球、运球转身的动作练习。

(2)在运球练习中关键要体会手对球的控制能力。要多进行球感练习,能够很好地控制球。

(3)运球技术练习中强调身体姿态准确、按拍球的部位准确、球的落点适宜、手脚协调配合、手能灵活支配与控制球。

(4)掌握基本运球技术之后,在运球练习中融入假动作,并将运球技术与其他基本技术结合起来练习,训练运球时的应变能力。

(5)练习时将左手运球练习和右手运球练习结合起来,提高非优势手的控球能力。

(6)制造干扰环境,在干扰条件中运球,如安排对手堵截、抢断,从而提高抗干扰能力。

2.训练方法

（1）原地做高运球、低运球训练。

（2）左、右手交替在体前做横向运球训练。

（3）在行进间连续做各种运球变向训练。

（4）全场一对一攻防训练。

（5）对抗运球训练。

（三）传接球技术训练

1.训练建议

（1）在传接球技术训练中，要重点练习的技能有双手胸前传接球、单手肩上传球、双手头上传球等。

（2）将熟悉球性练习与传接球练习结合起来，培养对球的感应、支配及控制能力。

（3）在传接球练习的组织中，先安排原地练习，将传接球动作方法准确掌握后，再结合移动步法进行移动中传接球练习，然后将传接球与其他技术结合起来进行综合性练习。

（4）在接近实战的环境中进行传接球练习，培养实践应用能力和应变能力。

2.训练方法

（1）原地双手持球基本姿势的练习。

（2）原地徒手双手持球动作的模仿练习。

（3）两人一组一球，距离4米逐渐扩大到8米，然后再从8米逐渐缩小到4米，用双手胸前传、接球。

（4）两人一组一球，两人四只手共持一球，一人做传球动作，一人做接球动作，两人的手都不离开球，像拉锯一样一传一接连续做。

（5）全场三人传接球练习。每传一次球都要通过中间人。在3人传球推进的过程中，要保持好三角队形，中间人保持在稍后，两边在前。

（四）持球突破技术训练

1. 训练建议

在持球突破技术训练中，要先理解整个技术过程中各个动作环节的内在联系，清楚竞赛规则中对持球移动的要求和限制条件。持球突破包括交叉步突破和同侧步突破，先练前者，再练后者，将持球突破技术掌握好之后，再将其与其他技术结合起来练习，从而提高在篮球实战中综合运用传球、投篮和突破等技术的能力。

在具体训练过程中，将分解练习与完整练习结合起来。掌握持球突破的各个动作环节后，基本能够连贯完成完整的持球突破技术，虽然细节上可能有瑕疵，但基本不影响动力定型的初步形成。此时就可以对动作细节提出要求和加以强调，从而主动分析与思考持球突破动作，反复练习，不断巩固动力定型，使突破动作更加精确、协调，并能很好地达到细节方面的要求，促进动作自动化的初步形成。

在技术动作形成的自动化阶段，要主动思考与探讨持球突破技术动作的力学原理，更加深入地认识突破动作的内在联系，进一步巩固动力定型，提升持球突破动作的自动化水平。

2. 训练方法

（1）一对一持球突破结合跳投或行进间投篮训练。进攻者进攻失球后，两人攻守交换。

（2）原地持球突破训练。队员分布在半场内，以篮圈为目标，模仿突破的脚步动作。

（3）突破防守行进间投篮训练。为固定防守人，其他队员依次做突破投篮，抢篮板球至队尾。

（4）持球突破行进间投篮训练。持球队员在罚球线处站位，突破后运球做行进间高手或低手投篮，然后自己抢篮板球排至队尾，依次训练。

（五）投篮技术训练

1. 训练建议

（1）建立正确的动作表象

在投篮技术训练中,利用直观教具如图片、录像和示范动作进行投篮技术动作的正确演示,并配合必要的讲解,使练习者深刻认识投篮技术的重要意义,并清楚了解投篮的动作结构,对各种投篮的动作特点、运用技巧做到心中有数。然后练习者自主进行徒手投篮练习和持球投篮练习,建立正确的动作表象,形成正确的投篮运动感觉。

（2）掌握动作,形成正确的动力定型

在投篮初步训练中,可以在简化条件下重复不断地练习,促进正确技术动力定型的快速形成。

例如,在原地单手肩上投篮训练中,起初要把握好投篮的主要环节,集中练习拨球动作,要求前臂伸展、手腕弯曲、手指用力,经过重复不断的练习,对基本的投篮手法要有准确的掌握,然后再提出不同动作环节的要求,完整练习整个投篮动作。

经过重复练习,基本掌握完整动作后,再进行变换练习,主要对练习的组织形式和条件进行调整,在变化的条件下练习,从而对投篮技术加以巩固和完善。

（3）循序渐进地练习

投篮技术有多种,在投篮训练中,要先练习基本的投篮技术,然后练习比较复杂的技术,最后练习组合技术。按照循序渐进的原则进行训练,正确练习顺序为原地单手肩上投篮→行进间单手低手投篮→原地跳起单手肩上投篮→投篮与其他技术的组合。

2. 训练方法

（1）原地模仿跳投训练。

（2）两人一组一球,相距 4 ~ 5 米对投训练。

（3）自抛自接球后做急停跳投训练。

（4）运球做行进间单手高手、单手低手投篮训练。

（5）在传、接球中做急停跳投训练。

（6）运球、传球、投篮组合训练。

（六）抢篮板球技术训练

1. 训练建议

（1）说明在篮球比赛中抢篮板球技术的重要性，培养练习者的积极拼抢意识和主动精神。

（2）在抢篮板球技术训练初级阶段，先进行分解练习，将原地起跳、抢球作为分解练习的重点，其次向完整练习过渡，将移动抢位、挡人、起跳抢篮板球连贯起来进行练习，然后练习难度逐渐增加，创造对抗性环境。在对抗中练习，主要培养在实战中运用抢篮板球技术的能力。

（3）在训练中强化"冲抢"意识和"挡抢"意识，从而使练习者主动抢进攻篮板球、抢防守篮板球，在攻守对抗条件下进行抢篮板球练习。

（4）将抢篮板球技术与其他技术结合起来练习，如抢进攻篮板球与投篮、补篮的结合，抢防守篮板球与突破技术、接应技术的结合。

（5）将抢篮板球技术训练与专项体能训练结合起来。

（6）将抢篮板球技术与篮球战术结合起来进行练习。

2. 训练方法

（1）持球向篮板或墙上抛球，做上步起跳的动作，在空中用单手或双手抢反弹回来的球。

（2）以两列横队站立，听口令进行原地徒手双脚起跳，进行单手与双手抢篮板球的模拟练习。

（3）2人一组，站在篮下两侧，轮流跳起在空中用双手将球托过篮圈，碰板传给同伴，须跳到最高点时托球，连续托球 15 ~ 30 次。

（4）站成两列横队，每人一球，向头上抛球后起跳，用双手或单手做空中抢球训练。

（七）防守技术训练

1. 训练建议

（1）树立积极防守的意识

首先从思想上认识防守的重要性，改变重攻轻守、被动防守的传统思想和观念，坚定防守的决心，在比赛中积极采取防守行动，争取顺利转守为攻。

（2）个人防守要以防守基本姿势与基本步法为基础

在个人防守技术练习中，要先掌握正确的基本防守姿势，在正确姿势、身体平衡的前提下快速移动，积极防守。在防守步法练习中，要与综合性的身体素质训练结合起来，使手脚协调配合。

（3）先练习防有球队员，再练习防无球队员

先进行防守有球队员的练习，再进行防守无球队员的练习，最后结合实战对防守技术能力进行检验。

防守有球队员的练习内容包括防原地传球、投篮，防运球、突破、跳投。

防守无球队员的步骤如下。

①进行球动人不动的防守练习，学会根据球的位置对有利的防守位置和距离进行合理选择。

②进行人动球不动的防守练习，通过对对手移动的观察和判断，快速完成对有利防守位置的抢占。

③进行人动球动的防守练习。

2. 训练方法

（1）防无球队员训练

①2人一组，进攻者离篮6米左右，防守者传球给进攻者后立即对其进行防守。进攻者则利用投突结合动作进行进攻。练习一定次数或防守成功一定次数后，攻守双方交换。

②防投切选位练习。2人一组，进攻者原地只做投切结合动作。防守者快速移动脚步动作，及时调整重心、步法，做好防投防突的选位练习。

（2）防有球队员训练

①接球时的打球练习。2人一组，相距1.5米。持球人做传球动作后，另一队员立即上步打球，二人轮流练习。

②3人一组，两人相距1米，中间一人持球向两侧摆动，两侧无球队员根据球的部位，及时抢球。然后持球者逐步改做转身跨步和摆脱护球动作，另两名队员伺机抢球。完成一定次数后，攻守交换。

③正面打运球者的球的练习。在半场或全场一攻一守的练习中，防守者紧紧跟随运球者。当球刚从地面弹起时，突然打球，两人轮流攻守练习。

④抢篮板球下落时的打球练习。两人一组站在篮下，一人将球抛向篮板，另一人跳起抢篮板球。当抢到球后下落转身时，投球人立刻打球。两人轮流进行练习。

（八）不同位置攻守技术训练

1.进攻技术训练

（1）前锋进攻技术训练

篮球比赛中前锋位置指的是罚球线延长线两侧区域。前锋球员有比较广阔的活动范围，在自己的队伍中担任重要的攻守角色，与队友配合完成重要的攻守任务。前锋队员的进攻区域可以是外围，也可以是篮下。这一位置的球员也是球队得分的主要人物，有时配合队友得分，他们还是积极拼抢篮板球的重要角色。前锋队员在比赛中角色的重要性和攻守的特点决定了其必须有高大的身材，良好的力量、速度及弹跳力等身体素质，而且要全面掌握篮球技术，并形成自己的特长，只有符合条件的前锋队员才能在比赛中更好地发挥自己的价值，完成重要的攻守任务。

活动范围广是篮球比赛中前锋位置的一个重要特征，这个特征对前锋队员的技术能力提出了非常高的要求，尤其是投篮技术能力，包括中、远距离投篮，篮下投篮，同时要求前锋队员善于运球突破，并能主动向同伴传球，善于掩护同伴，与同伴配合，制造良好的进攻时机。

在前锋进攻技术训练中，要注意以下几点。

①结合移动步法，加强原地摆脱、空切接球等技术训练，使前锋球员

能够顺利摆脱防守。

②前锋队员要善于运用传球、运球转身、灵活移动步法等与对手造成"时间差"或"位置差",从而顺利摆脱防守,抓住机会快速投篮。

（2）中锋进攻技术训练

在篮球比赛中,中锋球员有其特定的位置和活动范围,这也是中锋名称的由来。中锋的活动区域主要是离篮5米以内的范围,这一地带往往存在着激烈的攻防对抗,因此中锋球员责任重大,要很好地完成内线攻守的任务,在进攻中要积极拼抢,争取得分,同时也要配合队友完成集体攻守任务,并创造机会使同伴进攻得分。一个篮球运动队实力的强弱一定程度上反映在中锋球员的技术水平上。

中锋进攻技术训练要侧重以下内容。

①传球。

整个篮球运动队进攻配合的枢纽就在于中锋,所以中锋队员要能够通过传球将内线和外线队员连接起来,提升集体配合进攻的战斗力。中锋接球后,周围会有防守队员和本队接应队员集中于此,这时中锋要快速观察周围情况,选择合适的传球方式向接应的队友传球,这便对中锋的传球能力提出了较高的要求,具体要熟练掌握与运用各种传球技术,要善于使用假动作,隐蔽真实传球意图。中锋队员必须根据同伴的接应位置和时间而快速移动,向同伴及时准确地传球。

中锋成功抢到后场篮板球后,快攻第一传要迅速完成。所以当其在空中夺球后要及时朝前场转身,迅速观察场上情况,准确判断,及时向接应队员传球。

②移动抢位与接球。

对于中锋队员来说,移动抢位、接球是最为重要的技术。中锋能否熟练移动抢位,直接决定了本队能否在攻守对抗中获得主动。中锋的移动步法必须积极快速,且灵活多变,在与对手发生身体接触时,一定要合力对抗,将对手摆脱,在合适的位置上顺利接球。此外,中锋与同伴要密切配合,成功传球,并掌握好下列两个启动时机。

第一,当同侧同伴接到球时,迅速启动,积极抢占有利位置。

第二,当异侧同伴突破时,突然向空位移动。

③投篮。

中锋位置的特殊性对中锋队员的投篮意识和强攻能力提出了非常高的要求。内、外中锋站位不同,所以要侧重掌握不同的投篮方式。

对内中锋来说,跳投、转身跳投、勾手投篮和补篮是要重点掌握的投篮技术。对外中锋来说,跳投、勾手投篮是要重点掌握的投篮技术。

要想成功投篮,必须掌握好投篮时机,中锋队员要充分掌握好以下投篮时机。

第一,中锋接应队员时对攻防位置进行准确判断,加快动作速度,制造"时间差",争取良好的投篮机会。

第二,持球的中锋队员结合其他技术动作如跨步、运球、传球等制造时间差与空间差,为本队争取投篮机会。传球时可结合假动作来隐蔽传球意图,虚实结合,使对方不易识破。

（3）后卫进攻技术训练

后卫队员是一个球队的核心队员,其作为临场比赛的组织者和指挥者,肩负着对全队攻守行动进行组织的重要职责,这便对后卫队员提出了以下要求。

第一,头脑机智灵活,行动果断,遇事不慌。

第二,观察和判断力好,篮球意识强,组织能力佳。

第三,速度素质和灵敏素质好。

第四,全面掌握篮球技术,控球能力好。

第五,能把握好比赛节奏,有斗志,组织全队有效完成攻守任务。

在后卫进攻技术训练中,要侧重以下内容。

①传球技术。

后卫队员组织进攻时,必然要采取传球技术。所以后卫队员要熟练掌握各种传球方法,而且对战术配合中的进攻机会要非常熟悉,对同伴的进攻特点要非常了解。这样才能及时准确地给同伴传球。

②运球和突破。

后卫队员对球的支配与控制、对防守的摆脱以及对战术配合的组织都离不开运球和突破技术。当持球队员被防守者严防死守,没有机会传球时,要边运球边寻找机会传球或投篮;当防守队员在全场展开紧逼防守时,持球者要伺机运球突破,运球时对场上情况进行观察,抓住时机及时向站位有利的同伴传球。

③投篮。

后卫队员必须掌握外围 3 分投篮技术,这是直接得分的重要手段。3 分投篮也会使防守方的防守区域扩大,从而为内线队员争取机会,使全队更加灵活地运用战术。

2.防守技术训练

不同位置的球员在防守时除了要遵守共性要求,还要根据自己的位置特点遵守特殊的要求。中锋队员的防守与后卫队员的"领防"显然是有区别的,要使练习者掌握好不同位置的防守技术,可以对进攻者的移动路线、方位进行限定,对具体位置的防守技术不断进行强化。

(1)前锋防守技术训练

在篮球比赛中,前锋队员要重点掌握的防守技术是防守对方的摆脱传接球、投篮和突破。

前锋队员在防守技术训练中要注意以下几点。

首先,仔细观察,对持球者的进攻意图进行判断,从而根据判断进行积极的防守。

其次,防守时要积极抢占有利位置,防守持球者的同伴接球。

最后,将身体部位合理运用起来,对对方的传球、投篮、运球突破进行干扰和堵截。

(2)中锋防守技术训练

中锋在篮下防守,篮下存在着非常激烈的攻守争夺。防守方的中锋不仅要对进攻方的中锋进行防守,还要随时做好对同伴加以协助的准备,以完成补防。所以中锋防守时要满足的要求是扩大视野,准确判断,迅速移动,抢占有利位置,做好补位协防工作。

中锋防守技术训练中要注意以下两点。

①选位。

阻止进攻中锋在限制区接球是防守中锋的首要防守任务。因此,中锋必须兼顾"球—我—他"来合理选择防守位置,在合适的位置上防守,可以减少或阻止对方中锋接球。

②移动和手臂动作。

中锋要抢占有利防守位置,就必须掌握各种移动步法,如滑步、上步、绕前步和撤步等。中锋在防守过程中,要对对方的传接球进行干扰和阻断,就要善于张开手臂占据空间位置,不管是防守有球一侧还是无球一侧,抑或是移动中对对手空切加以防守,都应如此。

(3)后卫防守技术训练

在全队防守中,后卫防守位于前沿,要防守较大面积的区域。这就对后卫的移动技术提出了较高的要求,移动必须快速灵活,先仔细观察、准确判断,然后移动到有利位置。后卫不仅自己的防守能力要好,还要善于配合同伴进行防守,并能够对全队防守行动加以组织与指挥。

二、足球技术训练

（一）传接球技术训练

1. 对墙连续传球

所有练习者面向足球墙站成一排,人与墙的间距大约 10 米,一人一球向足球墙踢球,踢球部位可以是脚背正面或脚的内外侧,反复练习。

训练要求:

（1）要用正确的脚型踢球。

（2）两脚交替对墙踢球。

（3）要控制好传球的力量,刚开始可缩短传球距离,减小传球力量,熟练后增加传球距离,加大传球力度。

2. 两人连续传球

两名练习者间隔 10 米左右相向而立,其中一名练习者用脚内外侧或脚背正面向另一名练习者传地滚球,接球的练习者要绕过障碍物接球并回传,回传时同样用脚内外侧或脚背正面踢球。

训练要求:

（1）传球准确、力度适宜。

（2）两脚交替传球。

（3）接球并回传时灵活移动身体,对身体姿势做适当的调整。

（4）传球和回传球时都要找准击球点球,球不能离开地面。

（5）逐渐增加传球速度和传球距离。

3. 长传球将球“吊”进球门

在距离球门 40 米远处画一条线,将若干足球放在线上,练习者从不同距离和不同角度向球门传长球,规定传球部位为脚内侧。

训练要求：

（1）传球脚一侧小腿摆动速度和摆动幅度决定了传球力量。

（2）传球要用力，但不要过分晃动身体。

（3）在球门处安排一名守门员，提高练习的趣味性。

（4）两脚交替用脚内侧传长球。

4.三人两球前后移动短传球

三名练习者站成等腰三角形，腰长为 6 米，底边长为 5 米。顶角的一名练习者面向底角方向，底边两角的两名练习者面向顶角方向，各持一球轮流向顶角的练习者传球，顶角练习者先后退跑然后迎球并回传，反复练习。

训练要求：

（1）传球时采用正确的脚型，以传地滚球为主，变向时对支撑脚的站位进行灵活调整，以提高传球的准确性。

（2）传球力量和速度随练习量的增加而逐渐增加。

（3）两脚交替传球或回传球，采用多种不同的方法传球。

5.跑动中迎球接球

三人一组，两组练习者相距 12 米面向而立，A 组排头练习者持球向 B 组排头练习者传球，传球后跑回 A 组队尾。B 组排头练习者向来球方向迎球接球并向 A 组第二名练习者回传，同时跑回 B 组队尾。后面的练习者按同样的方法依次练习。

训练要求：

（1）接球的练习者要先做突然起动、跑等摆脱动作，然后接球回传，要培养练习者的摆脱意识。

（2）找准踢球点，准确完成传地滚球。

（3）熟练球性后跑动，传接球速度逐渐增加。

（4）跑动、接球、回传的动作一气呵成，协调连贯。

（二）运球技术训练方法

1. 人球分过

在训练场地设置若干相互间隔 5 米的标志杆,练习者持球站在第一根标志杆前进行绕标志杆运球练习,运球到标志杆前时把球踢向标志杆左侧而自己从右侧跑过控球,或把球踢向标志杆右侧而自己从左侧跑过控球,总之人与球要各自从杆的两侧通过,如此运球经过所有标志杆,反复练习。

训练要求:

（1）练习者向标志杆一侧推球时,要在距离标志杆 2 米左右处就开始推球,不能离标志杆太近的时候再推球,否则容易碰撞标志杆或不能顺利运球绕杆。而且向标志杆一侧推球时重心向反方向倾斜,以调整重心,顺利从标志杆另一侧跑过而及时控球继续运球。

（2）向标志杆一侧推球时不能太用力,要控制好力量和速度,这样才能保证人从标志杆另一侧跑过后可以及时控球。

（3）练习水平提高后,将标志杆用防守队员替代,进行对抗性练习,提高练习的强度和趣味性。

2. 一对一正面运球过人

两名练习者相距 12 米左右相向而立,其中一名练习者持球给对面练习者传球,对面练习者接球后向传球者方向运球,之前传球练习者主动防守,伺机抢截球,运球者运球过人直到传球者初始站位后停止,之前的传球者也停止防守,跑到接球者最初的站位,然后二人互换角色按同样的方法练习。

训练要求:

（1）练习者接球后要以较快的速度运球过人。

（2）运用好运球过人的技巧,把握好时机,可采用假动作顺利带球过人,运用假动作可以使对手的防守重心发生变化,此时突然快速完成带球过人的动作,顺利摆脱防守。

（3）运球过人时既要有假动作,也要有真动作,注意动作方向和速度的灵活调整与变化。

（4）要将运球过人的方向隐蔽好,不要轻易被识破,同时要警惕对方的虚假防守动作。

（5）灵活运用自己的特点和小技巧快速完成运球过人。

3. 运球变速过人

一名练习者持球运球,另一名练习者抢截防守,运球方式以直线运球为主,当防守者在运球者侧面防守并伺机抢截时,运球者用脚内侧扣球停止运球;当防守者突然停下来时,运球者快速起动用脚内侧推球继续向目标方向运球前进。

训练要求:

（1）教练员做正确而完整的示范,使练习者明确动作的结构与关键。

（2）运球过人的效果主要取决于扣球急停和起动推球跑的动作质量,要根据防守情况而控制急停时机和起动节奏。

（3）左右脚交替运球。

（4）隐藏变速节奏,不要被轻易识破。

（三）射门技术训练

1. 横向跑动争抢球射门

3名练习者组成一组,两组练习者间隔10米左右的距离在罚球弧两端做好抢球准备,教练员向罚球弧中间传球,两端的两组练习者及时跑到中间抢球,抢到球的一组伺机射门,另一组抢截防守。

训练要求:

（1）教练员用适度的力传球,尽可能将球传向罚球弧中间,使两侧的两组练习者抢球机会均等。

（2）抢到球的一组练习者把握好机会,伺机射门,不能因为抢到球而过于兴奋忽视了射门的任务,而且即使抢到了球也随时可能被抢断球。

（3）没抢到球的一组练习者在规则允许的范围内抢截防守,阻拦对方射门。

（4）抢球后射门很关键,攻守双方都要打好配合战。

2. 一对一抢点射门

训练场地为 20 米 × 20 米的平坦场地,场地上有标准移动球门,三名练习者为一组,两组练习者一起练习,如 A 组和 B 组各有三名练习者,两组各派两名练习者站在训练场地的四个角处并各持一球,剩余两名练习者在场地中间担任进攻者和防守者。开始练习时,A 组持球者传球给场地上的同伴,同伴接球后伺机射门,此时 B 组站在场地中间的队员作为防守者积极防守,直至 A 组队员顺利射门或 B 组队员成功抢截球后结束该练习。然后 B 组持球者向场地中间的队友传球,按同样的方法练习。场地中间的练习者和站在角上的练习者互换位置练习。

训练要求:

(1)进攻者射门后立即转变角色,成为防守者而拼抢对方的球。

(2)防守者拼抢球要积极,进攻者要抓住机会摆脱防守,成功射门。

(3)练习者在规则允许范围内可以用身体多个部位抢点射门。

(4)逐渐增加对抗难度,如提高防守者的熟练程度或在更大的场地上练习。

3. 两次摆脱跑位争抢球射门

在罚球区及中圈之间并排放两根间隔 15 米的木杆,两组练习者在木杆后的站位均与木杆间隔 10 米。教练员发出口令,两组排头练习者立即起动向两侧木杆跑进,直至平行于木杆时,教练员传球,两名练习者急停转身抢球并射门,没抢到球的练习者积极防守。

训练要求:

(1)练习者注意力高度集中,听口令后快速起动,并准确把握来球方向,做好急停转身抢球的准备。

(2)双方要在规则允许的情况下积极争抢球,成功抢球后将球保护好,伺机射门。

(3)安排一名守门员,增加射门难度。

(4)教练员用适度的力传球,保证练习者抢球机会均等。

（四）守门员技术训练方法

1.快速移动中扑接球练习

场地中设若干障碍物,守门员与教练员各站于一侧,教练员持球。练习时,守门员快速跳跃及躲闪障碍物后立即扑接教练员射来的球。

训练要求:

（1）守门员听口令后开始起动。

（2）守门员以最快速度通过障碍物,马上做出扑球的准备动作。

（3）守门员紧盯教练员踢出的球,果断倒地扑接球。

（4）守门员扑接球动作要准确。

2.扩大防守区域练习

教练员持球从不同角度向罚球区传球,守门员在球门前做好准备,目视来球而迅速出击,在罚球区内直接将球踢向预定地点。

训练要求:

（1）守门员不能用手碰球。

（2）教练员传球要富于变化,将高低不同的传球和快慢不同的传球结合起来。

（3）守门员目视来球方向迅速出击。

（4）守门员适当调整自己的姿势,准确朝预定地点踢球。

（5）守门员采用不同的脚法踢球,要根据对来球的判断选择适宜的脚法。

3.正确选位及扑接各种来球的练习

站在罚球点球处的教练员持球准备射门,守门员在球门前站好做好扑接准备。教练员采用不同的方式以不同角度射门,守门员根据来球情况而选择扑接方式。例如,教练员向左射地滚球,守门员向左侧倒地扑接地滚球;教练员向右射半高球,守门员向右鱼跃扑接半高球,等等。每完成一次扑接球,守门员都要再次调整站位,为下一次扑接球做准备。

训练要求：

（1）守门员站位合理，这是扑接球的基础。

（2）以准确、规范的技术方式完成扑接球。

（3）提高扑接球的质量。

第七章

游泳运动技能训练

　　游泳运动是奥运会的传统竞技项目之一,随着国内外先进游泳训练理论的普及、多元训练方法的推广以及国内外优秀游泳选手的不断交流,竞技游泳运动的发展水平不断提高,世界各项游泳大赛上不断有运动员创造新的世界纪录。游泳是体能主导类运动项目,对运动员的体能、技能、意志品质等都提出了很高的要求,而体能和技能又直接决定了运动员的竞技水平和运动成绩。体能是基础,技术是保障,体能训练和技术训练相辅相成、缺一不可。本章主要对游泳专项体能训练方法和不同泳姿的技术训练方法展开研究。

第一节　游泳专项体能训练

一、游泳体能训练的特点

（一）影响游泳成绩的体能因素

作为一种典型的体能类项目,游泳运动成绩主要由运动员的专项体能水平和游泳技术水平所决定。游泳是一个大项,根据游泳距离、游泳姿势的不同,可以将其划分为若干不同的小项,不同小项对运动员的体能要求是有差异的,各有侧重。而且不同的游泳强度也对游泳运动员的体能素质提出了不同的要求。

游泳运动员的身体形态呈现出鲜明的特征,大多游泳运动员拥有高大的身材、修长的四肢,整体来看,身体呈"流线型"姿态。独特的身体形态使运动员在水中游泳时浮力大、阻力小。此外,游泳运动员的瘦体重占较大比例,拥有强大的心肺功能和良好的供氧供血能力。这表明游泳运动员拥有较高的机能储备水平和较强的机能储备动用能力。游泳比赛是参照游完规定距离所用的时间的长短来评定成绩的,所以说游泳比赛比的是游进速度,机能储备水平高、机能储备动用能力强的游泳运动员在游泳比赛中往往能够取得好成绩。

游泳运动属于典型的周期性运动项目。游泳运动员在比赛中用规定的游泳姿势,以不断重复的若干游泳幅度完成一定距离。这里所说的游泳幅度是由手臂划水动作、腿部打水动作以及全身配合动作构成的。游泳运动员每次向前推进一定的距离都是靠完成游泳幅度而实现的。而游泳幅度的速度指的是运动员向前推进的水平距离与所用时间之比。游泳比赛中,规定距离内完成的所有动作周期的平均速度强度即为速度耐力强度。对游泳运动员而言,速度耐力就是其所必备的专项耐力,是非常重要的专项体能素质之一,不同游泳项目对运动员的速度耐力又有不同的要求。游泳运动员的心血管耐力水平和骨骼肌工作的肌肉力量耐力水平这两大运动生物学因素对其速度耐力起到决定性影响。

游泳运动员的成绩与其手臂划水的频率息息相关,运动员神经肌肉反射时间是影响其划水频率的主要生理学因素,对不具备这方面良好因素的运动员来说,频次的增加较为困难,需要在增加划水长度上下功夫,这就需要加强专项力量素质训练和协调能力训练。

游泳是水中运动项目,特殊的运动环境和高强度身体运动对运动员的能量代谢水平、供能水平均提出了很高的要求。游泳运动员的能量代谢类型、代谢强度级别主要与游泳距离、游泳姿势以及游泳技能水平等因素有关,其中游泳距离的影响最为明显,不同距离的游泳比赛项目对运动员的专项体能、供能水平有不同的要求和不同的侧重,如短距离项目对运动员速度、力量、无氧供能能力的要求很高;中距离项目对运动员耐乳酸无氧能力、最大吸氧量有氧能力、大强度肌肉耐力的要求很高;长距离项目对运动员的有氧能力、肌肉耐力的要求很高。因此,从事不同游泳专项的运动员在体能训练中既要注意训练的全面性,又要有所侧重,针对影响比赛成绩的体能因素而强化关键体能素质的训练。

游泳运动员的专项体能归纳起来有:专项身体形态;心血管系统机能能力,主要指有氧耐力和无氧耐力;神经支配下的骨骼肌系统机能能力,主要指工作肌群的速度、力量和力量耐力;上肢、下肢、脊柱等关节的柔韧性及技术动作操作的协调性,等等。

(二)游泳体能训练

游泳运动员体能训练是游泳训练中的重要组成部分,运动员既可以在陆上训练,也可以在水中训练,一般身体训练以陆上训练为主,侧重于对肌肉力量、速度、耐力和关节柔韧性等一般身体素质的训练,专项身体训练以水中训练为主,侧重于肌肉耐力、心血管耐力的训练,并促进游泳技术的改进。有时一些无法在水中完成的专项体能训练需要在陆上完成。因此在游泳体能训练实践中往往需要将陆上训练和水中训练结合起来。

现代游泳体能训练要坚持一般与专项相结合的原则,通过陆上训练、水中训练及水陆结合训练来解决一般体能和专项体能发展的问题。

例如,在游泳力量训练中,陆上训练主要采用拉力练习法,练习中不断变化强度,具体练习手段要以运动员的游泳技术水平为依据而设计;水中训练要与专项游泳技术紧密结合起来,通过专项训练强化运动员肌肉工作原动力的发展。

再如,在游泳耐力训练中,不管是什么游泳项目,都强调通过对游泳负荷总量、负荷强度及强度比例的调整来发展专项耐力。在不同距离游泳项目的训练中,运动员训练负荷总量中80%以上都是有氧训练,其中无氧阈水平的有氧强度比例占40%左右,剩余负荷量中专项强度训练的比例因项目、因人而异。如此安排体能训练负荷量,既能发展游泳运动员的一般体能,又能提升其专项体能,从而促进一般体能与专项体能的有机统一、相互作用以及全面发展。

二、游泳专项力量训练方法

(一)橡皮胶带拉力练习

利用橡皮胶带进行拉力练习,模拟水中划水动作,增强肌肉力量。

1. 蛙泳划臂

(1)准备姿势
橡皮胶带系在横梁上,俯身,双手抓橡皮胶带两端。
(2)练习要领
两臂像游蛙泳一样同时"划水"。
(3)练习提示
根据器材弹性和实际情况调整拉橡皮带的长度,共5组,每组30次左右,或每次45秒,共5次。

2. 蝶泳、自由泳划臂

(1)准备姿势
橡皮胶带系在横梁上,俯身,双手抓橡皮胶带两端。
(2)练习要领
两臂像游蝶泳或自由泳一样"划水",同时划或交替划。

（3）练习提示

根据器材弹性和实际情况调整拉橡皮胶带的长度，每次 45 秒，共 5 次。

3.仰泳划臂

（1）准备姿势
橡皮胶带系在横梁上，手臂伸展，双手抓胶带两端。
（2）练习要领
两臂像游仰泳一样划水，同时划或在体侧交替划。
（3）练习提示
根据器材弹性和实际情况调整拉橡皮胶带的长度，每次 45 秒，共 5 次。

4.重点动作环节练习

（1）准备姿势
橡皮胶带系在横梁上，俯身，双手抓橡皮胶带两端。
（2）练习要领
通过拉力练习模仿水中划水动作，尤其是抱水、推水等重要动作。
（3）练习提示
共 5 组，每组 30 次左右。

（二）牵引水桶训练

在身上绑一个适宜重量的水桶，负重快速游进，以强化肌肉力量。水桶重量以 6 千克为宜，练习距离以 25 米最佳，短距离练习能够有效增强练习者的爆发力和无氧耐力。

（三）水槽训练

在水槽中的固定位置进行最大速度的游泳练习，保持快速游进节奏。指导者在池边观察和指导，用声音或手势反馈问题，练习者根据反馈及时调整游速。每次持续 30 秒，共 10 ~ 18 次，间歇 2 ~ 3 分钟。

三、游泳专项速度训练方法

（一）牵引训练

牵引训练是游泳专项速度训练的重要方法，通过牵力诱导，最大限度地提高动作速度，从而提升游进速度。牵引训练最多重复 10 次，练习距离以 30 ~ 40 米为宜。训练中采用的速度比练习者的最高速度快，但也不能过快，否则会影响练习者的速度感，使其被动游进。

（二）短冲训练

短冲训练以磷酸原供能为主，是提升无氧代谢能力和游进速度的重要手段。练习时，每组蹬边 10 ~ 25 米，出发 15 ~ 25 米，重复 5 组，间歇 1 分钟。

（三）转身速度训练

1. 专门转身动作训练

连贯练习转身动作，如在与池壁相距 10 米的位置练习转身，重复多次练习。

2. 综合转身动作训练

进行完整的游泳练习，游进过程中多转身几次，动作要快、准，提高转身动作速度和动作质量。

四、游泳专项耐力训练方法

（一）专项有氧耐力训练

1. 长距离训练

（1）以爬泳姿势匀速或变速游 3000 米。

（2）方式：爬泳；距离：10×400 米；时间：每组 5 分 20 秒包干（游泳时间 4 分 50 秒 + 休息 30 秒）。

（3）方式：爬泳；距离：20×200 米；时间：每组 2 分 45 秒包干（游泳时间 2 分 30 秒 + 休息 15 秒）。

（4）方式：爬泳；距离：5×1000 米；时间：每组 13 分钟包干（游泳时间 12 分半 + 休息 30 秒）。

以上训练也可采用爬泳与仰泳交替的方式进行，泳姿转换不得影响游泳技术。

2. 间歇训练

（1）慢速间歇训练

用比比赛速度较慢的速度完成反复游练习，间歇时间比练习时间少，在心率未完全恢复时再次练习。

例如，若 200 米自由泳成绩为 2 分 04 秒，每 50 米平均成绩是 31 秒，采用 30×50 米反复游练习，每个 50 米成绩要求 34 秒，间歇时间 10 秒，每次练习后心率达到 140 次 / 分，恢复到 106 次 / 分开始下一次练习。

（2）改变间歇反复游

以中低强度游规定距离，反复练习，不断调整间歇时间。例如，8×200 米反复游，要求每个 200 米游 2 分 20 秒，间歇 1 分 30 秒，之后每次练习结束后间歇时间变化一次（增 / 减 5 秒）。

（3）变换距离反复游

变化练习距离，间歇时间不变，示例如下：

练习距离增加，50 米—100 米—200 米—400 米，间歇不变。

练习距离减少，400 米—200 米—100 米—50 米，间歇不变。

练习距离递增再递减,50 米—100 米—200 米—400 米—200 米—
100 米—50 米,间歇不变。

（4）变换距离和间歇时间反复游

练习距离和间歇时间不固定,例如:

距离:100 米,间歇:1 分钟;

距离:200 米,间歇:1 分 30 秒;

距离:400 米,间歇:2 分钟;

距离:800 米,间歇:3 分钟;

距离:2×400 米,间歇:2 分钟;

距离:4×200 米,间歇:1 分钟;

距离:8×100 米,间歇:30 秒。

(二)专项无氧耐力训练

1. 短冲训练

短冲训练是以最快速度全力完成训练,以无氧供能为主,有助于发
展速度素质,尤其是绝对速度。

训练方法示例:

12.5 米	90%～100%速度	间歇时间 12～25 秒
	90%～95%速度	间歇时间 8～10 秒
25 米	95%～100%速度	间歇时间 30～40 秒
	90%～95%速度	间歇时间 25～35 秒
50 米	95%～100%速度	间歇时间 60～90 秒
	90%～95%速度	间歇时间 50～80 秒

2. 重复训练

以无氧代谢为主,侧重发展速度耐力。

方法示例:

发展速度:4×50 米全速游或逐个加速游。

发展速度耐力:4×100 米,3×200 米,(2～4)×400 米,间歇 3～5
分钟,强度 95%～100%。

3. 变速训练

在变速训练中,每次完成规定距离时,后半程速度要比前半程速度快。

方法示例:

(1)距离 10×400 米,以 90% 的强度完成每个 400 米,每个 400 米中,后 200 米的游速快一些,如 400 米自由泳,前后 200 米的成绩分别是 2 分 12 秒和 2 分 8 秒。

(2)距离 4×200 米,游第一个 200 米,最后 50 米的速度比前面速度快,游第二个 200 米时,后 100 米的速度比前面速度快,游第三个 200 米时,后 150 米的速度比前面速度快,游第四个 200 米时,用最大速度游完全程。

五、游泳专项柔韧训练方法

(一)臀部内收肌伸展练习

(1)两脚开立,距离同肩宽。

(2)左腿缓慢屈膝,重心顺势移向左脚,臀部后座,同时右腿向右侧跨一步,体会右腿大腿内侧肌肉拉伸感。

(二)4 字形伸展练习

(1)仰卧在垫子上,抬左腿向上伸直,右腿屈膝置于左膝上,整个身体形态看起来像数字 4。

(2)双手抓左腿膝部,用力向胸前拉,体会臀部内侧的拉伸感。

(三)站式股四头肌伸展练习

(1)自然站立,重心在左脚,右腿向后屈膝抬起,右手抓右脚。

(2)将右脚拉向臀部,体会大腿前侧肌肉的拉伸感。

（3）右膝稍向右后方转动，增加伸展力度。

（四）坐式腹股沟伸展练习

（1）坐在泳池边，屈膝外展，脚掌相对，放于身前。
（2）双手抓住两脚脚尖，肘放在膝上。
（3）胸部缓慢靠近双脚，同时肘关节向下按压膝。

（五）流线型伸展练习

（1）两脚开立，手臂向上举过头顶，两臂夹头，手背贴紧。
（2）腰缓慢向右侧屈，拉伸左侧后背肌肉。
（3）还原，再向左侧屈，体会右侧后背肌肉拉伸感。

第二节　不同泳姿的训练方法

游泳运动中常见的泳姿有蛙泳、爬泳、仰泳、蝶泳等。不同泳姿的发展历史、动作方法、技术要求以及竞赛规则是不同的，因而在训练中要结合各个泳姿的专项特征进行针对性训练。限于篇幅，本节主要对蝶泳和爬泳两个泳姿的技术训练方法进行分析。

一、蝶泳技术训练

蝶泳这一名称的由来与其动作外形直接相关，游泳时，身体于水中俯卧，两臂划水后同时抬离水面在空中向前移动，与此同时，两腿有节奏地打水。在整个过程中，手臂动作看起来就像蝴蝶扇动翅膀，所以用蝶泳来命名这一泳姿。游蝶泳时，双腿打水就像海豚游泳一样，动作流畅，身体成波浪形游进。运动员要用腰腹部发力做强有力的打水动作，游进过程中一直目视前下方，吸气时下颌微收。手臂动作的抱水环节要求肘部较高一些,划水环节要求快速而有力地向外划水,并高肘完成空中移臂。在竞技游泳的所有姿势中,蝶泳姿势最为优美,但难度也最大。它对运动员的技术能力、体能尤其是臂力、协调能力提出了很高的要求。一般需要经过长期的训练才能掌握好各个部位的配合技巧与方式。下面具体分析蝶泳中腿部、手臂和配合技术的训练方法。

（一）腿部技术练习

1.陆上模仿练习

（1）目的
建立正确的动作概念。
（2）方法
背对着墙,两脚并立,手臂向上充分伸展举过头顶,躯干和腿部模仿水中蝶泳动作:腹部稍向前挺的同时膝微屈,然后臀部向后与墙面触碰,再伸展膝关节,重复练习(图7-1)。

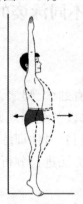

图7-1 蝶泳腿部陆上模仿练习

2.扶池边练习

（1）目的
熟悉上下打水动作。
（2）方法
水中俯卧,双手扶在池边,两腿像自由泳一样打水,然后并拢两腿,在腰腹部的带动下同时打水（图 7-2 ）。

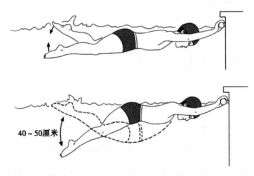

40~50厘米

图 7-2　蝶泳腿部扶池边练习

3. 流线型打水练习

（1）目的
对身体的流线姿势和上体的波浪动作有所体会。
（2）方法
①俯卧于水中，两臂向前伸展，两手交叉，使整个身体成一条直线，保持流线型姿势，腰腹部发力带动腿上下打水，体会躯干的波浪动作。
②动作与呼吸配合时，打腿动作容易出现不连贯的问题，所以建议打腿和呼吸的比例为 4∶1，这样能保证打腿动作的连贯性。
③两腿上下打水时，向上打水相对放松，向下打水较为用力，上下打水有明显的节奏感，而且速度不断加快，吸气时嘴露出水面即可，不要过分抬头，目视下方，微收下颌。

4. 垂直打水练习

（1）目的
对躯干的波浪动作和打水的力量及速度感予以体会。
（2）方法
①在水中仰卧，两脚同时用力蹬池壁，两脚下垂深入水中，手臂置于体侧，头和肩在水面外，两腿快速有力打水，身体缓缓向后退，对髋部发力快速前后打水的感觉予以体会。
②膝稍屈，髋部发力带动两腿打水。
③两臂露在水面的打水练习能够增加难度，将一定重量的物体系在身上练习可以进一步发展力量。

5. 反蝶泳打水练习

（1）目的

对躯干波浪动作予以体会。

（2）方法

①仰卧在水中,手臂置于身体两侧,腹部开始发力以进行鞭状打水,即从膝到脚依次向上打水。

②头和手上下起伏波动不宜太大,腹部要在水面上完成向上打水。

③膝微屈,髋关节发力向上打水,可以先在水下借两脚蹬离池壁的力打水,再过渡到水面打水,体会水下打水和水上打水的不同感觉。

④开始打水时,速度慢,幅度大,力量大,慢慢加快速度,刚开始练习时可以借助脚蹼这种辅助器材,以增加支撑力和推进力,提高腿部力量,随着不断的练习,熟练打水动作后手臂向前伸展,身体呈流线型姿势而完成打水。

6. 侧卧打水练习

（1）目的

提高身体对打水力度、速度的控制能力。

（2）方法

①在侧卧水中,下面手臂向头顶方向伸展,上面手臂自然放在体侧,想象鱼在水中游的姿势,身体侧摆游进。

②每打水 4 次,头稍抬吸气,但不要改变身体姿势。

③每打水 25 米后,换方向继续练习,体会身体的波浪动作,下肢摆动幅度稍大,"摆尾"时自然屈膝。

7. 水下打水练习

（1）目的

对身体流线型波浪游进的动作感觉予以体会。

（2）方法

①俯卧在水面,两脚同时用力蹬池壁而向前移动,两臂置于体侧保持不动,眼睛注视池底,想象美人鱼在水中畅游的优美姿势,模仿美人鱼的姿势而放松畅游。

②下颌微收,身体没入水下,头、髋关节、小腿和脚先后依次入水。

③脚最后入水后,两腿马上做快速而有力的打水动作,连续完成多次打水动作后头伸出水面吸气(图 7-3)。

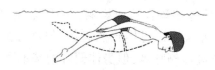

图 7-3　水下打水

8. 配合练习

(1)目的
对身体波浪游进的动作感觉予以体会。
(2)方法
①练习者在水中俯卧,同伴站在池边并手持木棍。
②练习者将同伴手中木棍的下端抓住,腰部保持放松。
③同伴持棍朝练习者游进的方向侧向移动,并将木棍向下压、向上拉,反复如此。
④练习者抓着木棍和同伴同时向前移动,体会身体的流线型波浪游进动作(图 7-4)。

图 7-4　双人配合练习

(二)手臂划水练习

1. 单臂分解练习

单臂分解练习的好处是可以集中注意力体会手臂动作。一只手臂连贯完成入水、抱水、划水、出水、空中移臂等一系列的手臂动作,各个动作环节放慢速度去做,及时发现问题,纠正错误。一侧手臂练习的同时,另一侧手臂自然落下或举过头,非活动手臂不能影响活动手臂的练习,也要避免对身体波浪动作造成影响。一般来说,建议非活动手臂自然落于体侧,这样可以保证身体自然起伏,但这容易造成呼吸困难,尽管练习者能够转体进行侧呼吸,但身体俯卧的基本姿势应该尽可能保持不变,所以尽量向前呼吸,这样更符合真实比赛情况。

在单臂分解练习中,可以与打腿动作相配合,从而体会完整的配合动作,但这样容易分散练习者对手臂动作的注意力。对此,可将一个浮漂夹在两腿间,目的是让练习者主要在手臂动作上高度集中注意力,但是使用浮漂会对身体波浪动作造成影响。

在单臂分解练习中为了提高练习效果,可以适当变化练习方式,如规定练习距离,在规定距离的练习中控制划臂次数;两侧臂交替练习,然后过渡到两臂同时练习。

2. 夹板划水练习

夹板划水练习中,将一个浮漂置于两腿间夹住,使练习者保持水平位的直线身体姿势,从而为手臂和呼吸练习提供便利,使练习者着重对划手、呼吸及二者的配合进行体会。

夹板划水练习也有助于练习者掌握打腿动作时机。经过不断的练习,练习者能够将小幅度打腿动作掌握好,并配合划手、呼吸进行完整练习。在练习过程中,练习者要有意识地上下摆腿,使身体浮动更自然一些,摆腿动作要与手臂划水动作配合好,熟练小幅度打腿动作后,将浮漂去掉进行正常动作节奏与动作幅度的打腿练习,将打腿与划水的配合时机掌握好。

3. 一划一站练习

在配合练习中非常适合采用一划一站练习方式。练习时,从俯卧漂浮的静止动作开始,然后用比正常动作更大的幅度完成一次配合动作后站立。继续从俯卧漂浮开始进行配合练习,反复进行。配合动作和正常情况下比起来显得夸张一些,也就是动作幅度大一些。

手臂划水练习中常常遇到以下一些问题。

第一,划水后出水和空中移臂有难度。在手臂划水练习中,练习者完成划水动作后,进入出水阶段,这时如果双手掌心朝上,或手臂力量弱,那么就会感到手臂出水和空中移动有难度。要解决这个问题,就要注意完成划水后借助惯性出水,手臂空中摆动也要借助这个惯性,划水时加快速度,增加力量。

第二,没有抱水就直接划水。手臂出水后,要先抱水再划水,抱水是不可缺少的环节,对后面的划水效果有直接的影响。当练习者没有建立正确的动作概念,对完整的手臂动作结构不清楚时,或者练习者担心下沉所以将全部注意力集中到竭尽全力划水时,就容易忽略抱水动作,跳过这个环节而直接划水,从而导致后面的划水效果不佳。纠正这一错误,首先要建立手臂动作概念,并放松身体,强调入水后的抱水动作,抱水时肩膀下沉,手臂侧划,转动手腕,肘关节弯曲。

第三,直臂划水。直臂划水是手臂动作中常见的一个问题,这个错误会对划水产生的推进力产生不利影响,并增加手臂出水和空中移臂的难度。练习者未建立正确的动作概念,没有很好的水感体验,身体过分紧张是造成这一错误的主要原因。纠正直臂划水的方法是,首先练习者要建立正确的划水动作概念,在练习过程中放松身体,放慢速度,教练员要提示练习者划水时弯曲手臂,将肘部抬起到一定高度,并在准备活动中通过一些水中活动练习来培养良好的水感。

(三)配合技术练习

1.单臂配合练习

(1)目的

掌握手腿配合的正确时机。初学蝶泳时,掌握完整配合有较大难度,容易出现错误,这个阶段可以先通过单臂配合练习来慢慢熟练蝶泳配合技术,然后向两臂配合练习过渡。

(2)方法

①单臂前伸,另一臂划水,同时与打腿、呼吸协调配合,转头或抬头吸气。这种练习相对简单,适合初学者。练习时可将下潜动作做得夸张一些,感觉就像从一条小船的尾部潜入水中,从船头出水,强调头先入水,躯干的波浪动作要明显。

②一臂放在体侧,另一臂划水。这种练习难度大一些,不易保持身体平衡,但更接近配合动作(图7-5)。

图 7-5　单臂配合练习

在单臂配合练习的基础上,还有不同形式的分解配合练习,也就是不同形式的单臂配合,如先做 5 次左手、5 次右手,再做 3 次左手、3 次右手,然后做 1 次左手、1 次右手,等等。

2.两臂配合模仿练习

(1)目的

掌握两次打腿与手臂配合的时机。

(2)方法

①直立模仿划水动作,屈膝代表向下打水。

②用口令控制节奏,"1"打腿—手入水,"2"手推水—打腿。

③熟练后配合正确呼吸,"1"入水—打腿—低头,"2"手向上推水—打腿—抬头吸气。

3.完整配合练习

年龄小的运动员力量不足,游较长的距离是有难度的。如果距离过长,还容易使动作变形,破坏节奏,一旦养成不好的习惯就难以改变。因此要在非常熟练分解动作,且准确无误地掌握配合节奏后才能进行完整配合练习。完整配合练习中,练习距离逐渐加长,并将各种分解练习和完整练习有机结合起来。

二、爬泳技术训练

爬泳的名称由来主要与其动作姿势有关,即身体在水中成俯卧姿势,双腿上下交替打水,双臂在体侧交替划水,外观看上去如同爬行一样,因此用爬泳来命名这一泳式。爬泳又被称为"自由泳",游泳比赛中设置的泳姿有 4 种,分别是蛙泳、蝶泳、仰泳和自由泳,竞赛规则中指出,运动员在参加自由泳项目比赛中没有姿势限制,而爬泳是游泳运动所有常见泳式中动作速度最快的一种,因此常常被自由泳项目选手作为首选

泳姿,如此一来,爬泳就被人们习惯性地称作"自由泳"了。游爬泳时,
人体在水面呈俯卧姿势,身体基本平行于水面,运动员保持非常好的流
线型姿势,这种流线型姿势在 4 种竞技泳姿中是最好的,所以游泳时受
到的水的阻力是 4 种泳姿中最小的。爬泳技术采用侧面换气方法,这种
转动可以保持游进中的平稳性,从而减少前进阻力。游爬泳时两臂依次
划水(向后),经空中移臂(向前),这样手臂划水路线延长,推进力加大,
而且空中移臂受到的阻力也小。两臂依次划水所产生的推进力是连续
不断的,这样有助于运动员匀速游进。爬泳时两腿交替上下打水,不仅
能产生一定的推进力,还可以使手臂划水更协调、有力,形成更快的合
力。总之,爬泳的速度和其他泳式对比是最快的。下面具体分析爬泳中
腿部、手臂和配合技术的训练方法。

(一)腿部技术练习

1. 侧打腿练习

(1)目的

感受身体在水中的运动。

(2)方法

一侧手臂向前伸,另一侧手臂放在体侧,头稍偏向一侧,快速连续打
腿,频率快一些。

2. 扶板打腿

(1)目的

提升臂腿配合能力。

(2)方法

一手放在扶板上,另一臂连续划水。在抱水和内划阶段、推水阶段、
移臂阶段分别打腿 2 次、1 次和 3 次,在入水、划水、推水和移臂过程中
要高度集中注意力。

3.6 次腿滚动练习

(1)目的

提升腿部打水效率。

（2）方法

一侧手臂向前伸展，另一侧手臂放在体侧，身体转成侧卧，连续打腿6次，然后伸展的手臂做1次划水，放在体侧的手臂做空中移臂动作，身体向另一侧"滚动"，再打腿6次，反复练习。注意打水时身体是侧卧姿势，面部朝下，手臂入水时，目视手背，在身体"滚"向另一侧时呼吸。

4. 蛙泳划水、爬泳打水

（1）目的

控制好身体平衡，提高在改变身体位置时打水的稳定性。

（2）方法

俯卧水中，两臂充分前伸，低头与身体保持在一条水平线上。两腿完成6次爬泳打水动作，然后手臂做1次蛙泳划水动作，同时抬头吸气。注意抬头呼吸时，为防止身体下沉，使躯干肌肉保持适度紧张，要快速有力地打水，使身体姿势保持稳定。

5. 垂直打水

（1）目的

增强打水力量，促进踝关节柔韧性的提升，提升打水技术水平。

（2）方法

在深水中完成垂直打水练习。两臂抱于胸前，两腿交替上下打水，打水过程中口和鼻都应该在水面上。练习过程中头部正直，背部伸展，不要向前倾。打水由髋部发力开始，在水的压力作用下稍屈膝，放松踝关节，打水幅度小，频率快。一次练习持续15～30秒，反复练习。必要时可以戴脚蹼练习，保证头在水面上。

可以将手臂向上举起或抱住头以增加练习难度。

6. 抬头打水练习

（1）目的

提升腰背肌力量和腿部打水力量。

（2）方法

身体在水面俯卧，手臂向前伸展，头露出水面，目视前方。两腿用较大的力交替打水，尽量打出水花，注意躯干肌肉要保持适度紧张，避免因抬头而导致身体下沉。

开始练习时每次以 15 ～ 25 米为宜,重复数次。熟练之后,练习距离和次数可逐步增加。

7.直腿打腿练习

运动员游爬泳时,在上打阶段容易出现屈腿的错误,直腿打腿练习有助于纠正运动员的这一错误。练习时两腿伸直保持放松,腿上台时从髋部发力,不要屈膝,下打时自然屈腿。

8.扶池壁打腿练习

正对池壁,双手在水槽边扶好,按要求打腿,每次持续一定的时间,俯卧打腿和侧卧打腿交替进行。侧卧打腿可以使练习者很好地对腿部上、下打水的正确动作予以体会。当练习者在水中练习时,教练员可以在池壁观察、指导,及时指出错误并进行纠正。

(二)手臂技术练习

1.抱水／身体滚动练习

(1)目的
提升划水效率,提高身体滚动的熟练性。
(2)方法
一侧手臂划水时,另一侧手臂充分向前伸展,身体向划水臂一侧滚动,尽可能保持侧身姿势,注意划水幅度、路线要适宜,划水速度逐渐加快,身体滚动要连贯。

2."2+3"划水练习

(1)目的
使练习者对抱水和推水技术动作更加熟练。
(2)方法
右臂做蛙泳划臂动作 2 次,幅度小一些,然后做爬泳划臂动作 3 次,接着换左臂做同样的动作,两臂交替进行练习,在抱水和加速推水的动作环节要高度集中注意力。

3.蛙自混合划手练习

（1）目的

使练习者对抱水和内划技术动作更加熟练。

（2）方法

充分伸展手臂，左臂做 3/4 蛙泳划臂动作，配合呼吸，然后做爬泳划臂动作，注意腿部打水的配合，接着换右臂做同样的动作，两臂交替练习。

4.单臂划水

（1）目的

促进划水技术水平和划水效果的提升。

（2）方法

一侧手臂做爬泳划水动作，另一侧手臂放在体侧，对划水路线和抱水、加速推水及高肘移臂等动作环节要特别注意。

5.单臂划水—滚动练习

（1）目的

掌握好呼吸时机，使头部位置保持稳定，提高身体转动的连贯性。

（2）方法

一侧手臂做划水动作，另一侧手臂放在体侧，划水手臂入水时，身体顺势转动并快速转头吸气。

6.侧身划臂练习

（1）目的

对水下划水技术予以体会，促进推水速度和效率的提升。

（2）方法

一侧手臂向前伸展，另一侧手臂放在体侧。身体稍向前伸臂一侧转动，保持侧身姿势，前伸臂向后划水到大腿位置，此时要充分伸直手臂，然后再从水下向前伸到开始位置，反复练习多次。

练习者在侧身划臂练习过程中可以低头没水，抱水要深一些，外划长一些，推水速度要快，推水时快速转头换气，划水路线尽可能成"S"型。

7. 水下自由泳

（1）目的

提高对身体姿势的控制力，体会正确的身体姿势。

（2）方法

在水下爬泳，手臂做爬泳划水动作，从身体下方开始贴身向前移臂，手臂划水动作应准确无误，推水时要加快速度。这个练习适合放在游泳课的准备活动中或水中练习的前半程去做。

8.3 点接触练习

（1）目的

更好地控制好身体姿势，使身体位置保持合理、稳定。

（2）方法

一侧手臂划水时，另一侧手臂向前伸，当划水结束时，划水手贴近臀部向前移臂至前伸臂的肘部，然后经空中向后移到大腿部，贴近大腿，之后再从大腿部开始向前经空中移臂入水，同时身体随划臂而转动。反复练习。

9. 狗刨式划水练习

（1）目的

有利于促进水下划水动作效果的改善与提升，对正确的划水动作予以体会，将注意力放在下划和内划上。

（2）方法

一侧手臂划水，另一侧手臂向前伸，身体保持流线型姿势。手臂划水时稍放慢速度，对各个环节的正确动作予以体会，内划结束后手臂从水下向前移，充分伸展，然后另一侧手臂开始按同样的方法划水。

练习过程中头在水中正常位置，不要抬头离开水面，身体始终保持流线型，注意侧向转身呼吸。

10. 长狗刨式划水练习

（1）目的

对完整的水下划水过程予以体会，熟练水下划水。

（2）方法

利用助浮器进行划水练习，使练习者在划水动作上高度集中注意力。刚开始身体俯卧在水面，手臂充分伸直，然后右臂连贯地完成抓水、内划和上划动作，划水结束后不要向水面移臂，应在水中移臂恢复原来位置，再开始左臂的划水练习。两臂交替反复多次练习。

（三）配合技术练习

1. 头部升降练习

（1）目的

促进身体控制力的提升，保持稳定的身体位置，尤其是头部位置要稳定。

（2）方法

以爬泳方式正常游进，通过头部的抬或降来体会适宜的头部位置，保持稳定的身体姿势。刚开始抬头至下颌在水面上，之后慢慢低头，如低头使嘴进入水中（每划 3 次水换气 1 次）；低头使鼻子进入水中；低头使头部位于水面水平位置。在任意一段距离中都可以进行此项练习。确定练习距离后，按头的位置分 4 小段完成，各段距离要适宜。

2. 双臂分解划水

（1）目的

体会爬泳时身体充分伸展的感觉，提升两臂协调配合的能力，掌握好两臂配合时机。

（2）方法

左臂向前伸展，右臂位于体侧，两腿交替上下打水。右肩在水面外，目视前下方，呼气。完成打腿 6 次后，两臂同时换位，左臂划水，右臂空中移臂，直到右臂前伸成流线型，左臂放在体侧。再打腿 6 次后，两臂再次换位，从而完成一个动作周期，反复练习。练习过程中注意呼吸的配合，为练习正确的呼吸技术，先只向一侧吸气游几次，然后向另一侧吸气游几次。最后每 3 个动作吸气 1 次。

3. 水下打腿练习

　　水下打腿练习中,俯卧练习和侧卧练习要交替进行,每次练习的距离约为 25 米,提升打腿效果和不同身体位置下的臂腿配合能力。

第八章

健身健美运动技能训练

　　健身健美运动包含的内容较为广泛,针对的人群几乎涵盖了各个年龄层,因此其训练方法也相对简化,以便于让更多的非专业运动员人群能够理解和接受。本章将对在我国具有较高受众的几种健身健美运动的训练展开讲解,主要包括健美操运动、街舞运动、肚皮舞运动和广场舞运动。

第一节　健美操运动训练

健美操是健身健美运动中一项非常经典的运动项目,由于种类丰富,形式多样,具有广泛的受众,健美操的运动训练也具有较为成熟的研究基础,本节将重点对健美操的基本动作和套路动作进行讲解。

一、健美操基本动作训练

健身健美操是健美操中涉及人群最广泛、影响力最大的一种,它的内容非常丰富,适合绝大多数人群进行日常锻炼。本节将主要讲解健身健美操的学练基础。

(一)头颈动作

头颈动作的运动方向主要有前、后、左、右。此外,侧向也是头颈动作的重要运动方向,因此,便有了侧前、侧后、侧上、侧下等。

头颈动作主要包括屈、转两种。其中,进行屈的动作学练时,要注意身体保持正直,动作要缓慢进行,不宜过快,使颈部肌肉得到充分伸展。进行转的动作学练时,要保持头的正直,下颌的左右转动要保持平稳状态。具体有左转和右转两种形式,可以进行反复多次练习。

(二)躯干动作

在健身健美操中,躯干部位是所有动作中最富表现力的,胸、腰、髋等都属于躯干的范畴,因此,躯干动作便涉及这三个部位。

1. 胸部动作

胸部动作主要包括含胸、展胸、捶胸、移胸、振胸。

（1）含胸、展胸

进行含胸学练时，要使身体处于放松状态，但要注意不是松懈。

进行展胸学练时，身体保持紧张状态，但要注意不是僵硬。

在进行含胸和展胸动作的学练时，可以将手臂动作加进去，比如，常见的有手臂胸前平屈含胸、手臂侧平举展胸等动作的练习。

（2）移胸、振胸

进行移胸动作学练时，要保证髋部位置的固定，同时，胸部要在腰腹部的带动下移动。

进行振胸动作学练时，要保证胸部是朝一个方向进行摆动的。振胸具有显著的弹性、节奏性。

比较常见的学练动作主要有提肩移胸、手臂侧平举移胸、举臂振胸等，要反复多次进行练习。

2. 腰部动作

（1）屈

屈腰的动作学练是身体屈伸的重要动作之一，注意动作幅度应该由浅到深，逐渐增加伸展的程度，最终伸展充分。另外，动作尽量缓慢，不能硬拉，也不能太快。练习时可以交替进行体前屈、体侧屈、体后屈几个动作，使腰部肌肉充分、均匀地得到训练。

（2）转

转腰的动作学练也是腰部动作练习的重点内容，练习时注意幅度要逐渐加大。在学练过程中，身体要保持紧张，但不是僵硬，肌肉处于运动的状态，腰部保持灵活的转动。

（3）绕和绕环

绕和绕环是指腰部做弧线或圆周运动，充分伸展腰部肌群。学练过程中，一定要保证路线的清晰和动作的圆滑。绕与绕环也有很多种形式，比如，一手头后屈，一手叉腰，做腰部绕环运动。

3. 髋部动作

髋部动作包括顶髋、提髋、摆髋、绕和绕环。下面主要对前三个进行讲解。

（1）顶髋

进行顶髋学练时,上体要保持正直,顶髋要用力,并且要将节奏感表现出来。顶髋的具体形式有很多种,通常会与上肢动作结合起来进行,比如,体前交叉顶髋、两臂侧平举顶髋、双手叉腰顶髋,可以反复多次练习。

（2）提髋

进行提髋学练时,要注意髋与腿部是协调向上的。在学练过程中,要将提髋动作与手臂动作配合起来进行反复练习。

（3）摆髋

在进行摆髋动作的学练时,注意腰部要配合髋部动作,并保证腰部是在髋部的带动下协调摆动的。在学练过程中,比如,两臂侧平举随髋摆动,两臂上举随髋摆动等动作可以进行反复多次练习。

（三）上肢动作

1.手型

手型的变化是比较多样的,不仅基本的拳、掌能进行进一步的细分,除此之外,还有其他的几种特殊的手型。在健身健美操中,通过手型的变化,能够使单调的手臂动作得到进一步的丰富和充实,使手臂动作的变化性和审美性更加显著,除此之外,这对于动作力量性的加强也是非常有利的。

（1）拳

健身健美操中的拳,通常可以分为实心拳和空心拳两种,二者的区别主要在于拳心有无空隙(图8-1、图8-2)。

图8-1　实心拳　　　图8-2　空心拳

（2）掌

健身健美操中的掌,有分指掌、并指掌、屈指掌三种形式,其中,五指用力分开,并伸直的为分指掌(图8-3);大拇指指关节弯曲内扣,其余四指并拢伸直的为并指掌(图8-4);介于上述两者之间,且五指自然弯曲的,则为屈指掌(图8-5)。

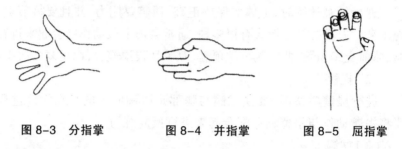

图8-3　分指掌　　　　　图8-4　并指掌　　　　　图8-5　屈指掌

2.手臂动作

(1)举

进行手臂举的动作学练时,以肩关节为轴,臂的活动范围不超过180°并停止在某一部位。在手臂举的学练过程中,一定要保证动作到位、路线清晰、有力度。

(2)屈、伸

进行手臂屈伸的学练,即为肘关节由弯曲到伸直或由伸直到弯曲的过程。在学练过程中,一定要做到关节有弹性的屈伸。

(四)下肢动作

健身健美操的下肢动作主要分为无冲击动作、低冲击动作以及高冲击动作三种,每一种又可以进一步细分为多种动作。

1.无冲击动作

(1)半蹲

进行半蹲学练时,一定要将身体重心置于两腿之间,屈膝时,膝关节与脚尖的方向是一致的,要注意膝关节不能超过脚尖的位置,下蹲时身体要稍向前倾。健身健美操中半蹲的主要形式有并腿半蹲、迈步半蹲、迈步转体半蹲等多种,可以反复进行多次练习。

(2)弓步

弓步分为双腿弓步和单腿弓步两种。健身健美操中弓步的具体形式有原地前后弓、原地左右弓步、转体弓步等几种,可以反复多次练习。

2. 低冲击动作

（1）踏步

进行踏步动作学练时，两腿要依次抬起并依次落地。在下落时，要借助膝、踝关节做好缓冲，避免运动损伤的产生。健身健美操中踏步的具体形式有多种，如踏步转体、踏步分腿、踏步并腿、弹动踏步等，要反复多次练习。

（2）并步

进行并步动作学练时，一定要借助膝、踝关节来做好弹性缓冲，重心的过渡时一定要保持平稳，切忌忽高忽低。健身健美操中并步的形式有多种，要反复多次练习。

（3）走步

进行走步动作学练时，要借助膝、踝关节做好落地的弹性缓冲，上体在协调摆动时要将节奏感表现出来。健身健美操中走步的具体形式有向前向后走步、向侧前和侧后走步、向左右转体或弧线走步等，需要反复多次练习加以掌握。

（4）吸腿

进行吸腿动作学练时，上体要保持正直姿态，动作要到位。健身健美操中吸腿的具体形式有很多种，需要反复多次练习加以掌握。

（5）一字步

健身健美操中一字步的具体形式有很多种，比如，向前向后的一字步、转体的一字步等，需要反复多次练习加以掌握。

（6）V字步

进行V字步动作学练时，要注意两脚开立的距离比肩宽要大，身体的中心放在两腿之间，屈膝时膝关节的朝向与脚尖方向一致。

（7）漫步

进行漫步动作学练时，一定要重视重心的前后移动，同时动作上要有弹性表现。健身健美操中漫步的具体形式有转体的漫步、跳的漫步等，需要反复多次练习加以掌握。

（8）迈步移重心

进行迈步移重心的动作学练时，下蹲屈膝时的膝关节朝向与脚尖方向是一致的，重心有明显的上下、左右移动。健身健美操中迈步移重心的主要形式有左右移重心、前后移重心、转体移重心等,需要反复多次练习加以掌握。

（9）交叉步

在进行交叉步动作学练时,重心的移动要及时,并借助膝、踝关节来做好有弹动的缓冲。健身健美操中交叉步的主要形式有左右的交叉步、转体的交叉步等,需要反复多次练习。

3. 高冲击动作

（1）双脚跳

进行双脚跳的动作学练时,腾空的动作要到位,比如双脚要并拢,双膝要伸直,需要反复多次练习加以掌握。

（2）并步跳

进行并步跳的动作学练时,身体重心的移动要快,落地时要注意做好缓冲。健身健美操中的并步跳的形式有向前并步跳、向后并步跳、向侧并步跳等,需要反复练习加以掌握。

（3）开合跳

进行开合跳的动作学练时,一定要借助膝关节做好落地时的缓冲,分腿落地时屈膝且朝向与脚尖方向一致。健身健美操中的开合跳的形式有原地开合跳、转体开合跳几种,需要反复练习加以掌握。

（4）单脚跳

进行单脚跳的动作学练时,要注意跳跃落地时通过屈膝弹动做好缓冲。健身健美操中单脚跳的具体形式有原地单脚跳、移动单脚跳、转体单脚跳等,需要反复练习加以掌握。

二、健美操套路动作训练

（一）组合一（4×8拍）

1. 第一个八拍

1拍：左脚向前跑跳步,两臂侧平举。
2拍：右脚向前跑跳步,两臂头顶击掌。

3—4拍、5—6拍、7—8拍同1—2拍。

2. 第二个八拍

1—2拍：右脚向右前方一步,重心前移至右脚,同时两臂直臂立掌由下经前至前上举。

3—4拍：重心后移同时转体90°成侧弓步,两臂侧平举,身体稍右侧屈,两臂与地面成45°角。

5—6拍：下肢、躯干动作还原成1—2拍,两臂前下方交叉。

7—8拍：向左转体180°至两腿交叉,屈膝半蹲,两臂后斜下举。

3. 第三个八拍

1—4拍：左脚向后跑跳步,前后摆臂。

5—6拍：两脚并拢向上跳,两臂前斜下举,掌心朝上,屈肘2次。

7—8拍：同5—6拍。

4. 第四个八拍

1拍：两脚跳起成开立,向右顶髋,手握拳,两臂侧平举。

2拍：右腿屈膝内扣,顶左髋,手握拳,右臂胸前屈,左臂侧平举。

3拍：手握拳,右臂经胸前绕至左边与左臂平行。

4拍：右臂经胸前绕至侧平举还原为动作1。

5拍：收左腿,两腿屈膝半蹲,右臂屈肘向上成肩上侧屈,左臂屈肘向下成侧屈。

哒 同5,方向相反。

6拍：右臂向上冲拳,左臂屈肘向下拉。

7—8拍：同5—6拍,方向相反。

(二)组合二(4×8拍)

1. 第一个八拍

1—3：左脚向前跑跳步,手臂自然前后摆动。

4拍：吸右腿,两臂向上举,手心朝下。

5拍：右脚向右一步,同时两臂侧下举。

6 拍：左脚向右后方一步,屈膝,两臂屈肘由内向外绕环,打响指,低头。

7 拍：抬头。

8 拍：保持不动。

2. 第二个八拍

1 拍：左脚向左一步,两臂向上举。

2 拍：右脚向左后方一步,与左脚交叉,两臂落下,手心向外。

3 拍：与 1 拍相同。

4 拍：右脚收回,脚尖点地,两臂落下,手心向外。

5 拍：右脚右后退步,左脚尖侧点地,右肩经前向后绕环。

6 拍：左脚向右脚并拢,左脚尖点地。

7 拍：左脚后退步,右脚尖侧点地,左臂经前向后绕环。

8 拍：右脚向左脚并拢,右脚尖点地,左臂绕到身体左侧。

3. 第三个八拍

1 拍：右脚退步,两臂置于体侧。

2 拍：左脚退步;胸前击掌。

3 拍：右脚退步,双手握住向上举。

4 拍：左脚退步,两臂下落。

5—6 拍：右脚向左漫步,左腿屈膝后踢,右臂屈肘置于腹前,左臂屈肘置于腰后。

7—8 拍：右脚向右侧弓步,右臂在体侧上举,左臂在体侧下举。

4. 第四个八拍

1—2 拍：左脚向右漫步,右腿屈膝向后踢,双臂屈肘,手指触肩,经前向后绕环。

3—4 拍：左脚向后漫步,双臂经前向后绕环。

5 拍：左脚向左一步,左臂前平举立掌,右手叉腰。

6 拍：上体左转 180°;手臂经体前至侧平举。

7—8 拍：左腿直立,右腿屈膝侧点地,两臂交叉于胸前。

（三）组合三（4×8 拍）

1. 第一个八拍

1—2 拍：右脚向右迈步，两臂在体侧平举。

3 拍：左脚在右脚前方点地，右臂平屈于胸前，左臂侧后举。

4 拍：左腿后摆点地，左臂平屈位于胸前，右臂后下举。

5 拍：180° 转体成左弓步，右手握拳向前伸出，左臂握拳放于腰间。

6 拍：右腿向前弹踢腿，左拳前冲，右臂收回，右拳抱腰。

7 拍：右脚退步。

8 拍：左脚退步，两腿交叉屈膝，左臂经内向外绕环至下举。

2. 第二个八拍

1—2 拍：向左恰恰步，右臂平屈放在胸前，左臂侧后举。

3—4 拍：动作同 1—2 拍，方向相反。

5—6 拍：左脚向左迈步成左弓步，两臂经上举至体侧平举。

7—8 拍：左脚收回，右手敬礼。

3. 第三个八拍

1—2 拍：吸右腿，两臂屈肘放在胸前。

3—4 拍：向左转身吸左腿，两臂侧平举。

5—6 拍：右脚向前迈步，右臂体前上屈，拳朝上。

7 拍：左腿向前上方踢，两臂落于体侧。

8 拍：左腿收回，两脚开立。

4. 第四个八拍

1—2 拍：右臂经体侧上举，开掌。

3—4 拍：右臂下举。

5—6 拍：上体左转，右手向左击掌。

7—8 拍：右手握拳，左臂侧下举。

（四）组合四（4×8拍）

1．第一个八拍

1—2拍：左脚向左平转一周。

3—4拍：右脚侧点地，向左转体90°，右臂平屈于胸前。

5—6拍：面向左侧，左腿微屈膝，右脚向后平伸，左臂向前平举，右臂后举，保持俯身平衡姿势。

7—8拍：右腿收回屈膝，右脚点地，两臂落在体前。

2．第二个八拍

1—2拍：右手上举，右脚向右一步，左脚向右脚并拢，同时身体转动180°，两腿屈膝，左脚点地，两臂由右到左依次绕成下举。

3拍：1位手型，左腿迈向斜前方。

4—6拍：小猫跳，手臂经1位手至3位手。

7—8拍：右膝跪地，两臂经上向后绕到体前，手指着地，上体经抬头挺胸至低头含胸。

3．第三个八拍

1—2拍：右膝跪地，左脚侧点地，左臂向上举，右臂在体侧平举。

3—4拍：左腿收回跪地，身体前屈，两肘弯曲撑地，低头。

5—6拍：身体向左翻转180°，两腿依次打开，两手向左依次撑地。

7—8拍：左腿屈膝，左臀坐地，右腿屈膝点地，左臂屈肘撑地，右臂伸直置于右膝上。

4．第四个八拍

1—2拍：右腿向左侧踢腿，左臂屈肘撑地，右臂在体前用手掌撑地。

3—4拍：直腿坐，双手在身体两侧稍偏后撑地。

5—6拍：身体向后转成左弓步，右臂伸直用手撑地。

7—8拍：还原为基本站立姿势。

（五）组合五（4×8 拍）

1. 第一个八拍

1—2 拍：右脚向右一步，两腿屈膝，双手握拳，双臂平屈于胸前，屈肘 2 次。

3 拍：手掌平伸，左脚向左一步。

4 拍：两臂高举在头顶击掌。

5 拍：右脚向左前一步与左腿交叉。

6 拍：转体一周。

7 拍：右腿向右成右弓步，右臂侧平举。

8 拍：右臂收回在肩上侧屈。

2. 第二个八拍

1—2 拍：左脚向右漫步，右臂屈肘置于头后，左臂在腹前屈肘。

3 拍：左脚退步，右脚向后踢，双臂平屈位于胸前。

4 拍：右脚落地，左脚向后踢，双臂向外绕到体侧。

5 拍：左脚向前迈步，两臂在体侧平举。

6 拍：右脚向左脚并拢，两腿屈膝，手臂体前交叉。

7—8 拍：屈腿跳，左臂在左侧平举，右臂向上举。

3. 第三个八拍

1—2 拍：左腿向左迈步，两腿屈膝，双臂屈肘位于胸前，屈肘 2 次。

3 拍：右脚向右迈步，同时身体转 180°，两臂落于体侧。

4 拍：左脚向右脚并拢，脚尖点，两臂胸前平屈交叉。

5—6 拍：两脚交替滚动步（右脚开始）。

7—8 拍：左脚向前迈步，双手侧下举。

4. 第四个八拍

1—3 拍：右脚向右后方退 3 步，右臂上举经体前绕至体侧。

4 拍：左脚向右脚并拢，脚尖点地。

5 拍：左腿向左迈步，身体左转，左臂在体前压掌。

6 拍：左臂绕到体侧。

7 拍：右臂向上举。

8 拍：两腿屈膝，右腿向前，左腿向左，左臂落在体侧，右臂平屈于胸前。

（六）组合六（4×8 拍）

1. 第一个八拍

1 拍：左脚向左迈步，左臂向上举。

2 拍：右脚并向左脚，左手侧下举，打响指。

3 拍：同 1。

4 拍：同 2。

5—6 拍：向左前吸右腿。

7 拍：右脚退步。

哒拍：左脚退步。

8 拍：右脚向前成右弓步。

2. 第二个八拍

1 拍：左脚向前迈步，右脚向左脚并拢，脚尖点地，双臂体侧上屈，手指触肩。

2 拍：动作同 1 拍，方向相反。

3 拍：左脚向前迈步，右脚向左脚并拢，脚尖点地，两臂经上举至前举，手心向前。

4 拍：右脚向前迈步，左脚向右脚并拢，脚尖点地，两臂落于体侧。

5—8 拍：向左小马跳转体一周，左臂和右臂分别侧下举和侧上举。

3. 第三个八拍

1—2 拍：左脚向左迈步，双臂从侧平举经体前交叉向上高举。

3—4 拍：左脚向右后方退步，双手胸前平屈交叉，头向右偏。

5—6 拍：右腿向右迈步，双臂从侧平举经上绕至体前交叉。

7—8 拍：右脚向左后方退步，左臂侧平举，右臂上举。

4. 第四个八拍

1 拍：右腿收回，两臂屈肘握拳交叉于胸前。

2 拍：吸左腿，两臂侧下举。

3—4 拍：动作同 1—2 拍，方向相反。

5 拍：两腿成交叉步（右腿在前），两臂在体侧平举。

6 拍：向左转体一周，两臂落在体侧。

7—8 拍：两脚起跳，落地后开立，向右顶髋，右手叉腰，左臂上举。

第二节　街舞运动训练

街舞是一项融舞蹈、音乐、时装于一体的现代时尚休闲运动项目。这种舞蹈源于街头，对场地和表现形式没有限制，参与性和表演性非常强，因而形成了广泛的普及性，成为各大高校、城市街头广场、健身中心的重要活动项目之一。街舞运动强度适中，动作难度可大可小，健身价值、娱乐价值和观赏价值突出，又与潮流文化紧密联系，所以深受年轻人的喜爱。追求时尚的年轻人参与街舞运动，能够强身健体，张扬个性，展现个人魅力。下面主要对街舞基本技巧动作和组合动作训练进行分析。

一、街舞基本技巧动作训练

街舞运动极具技巧性，花样动作颇多，下面仅分析几种常见花样技巧动作的训练方法。

（一）侧屈体单臂支撑

动作方法：

（1）站姿，上体有控制地向前倒，用手掌撑地。

（2）一侧腿屈膝，另一侧腿向后上方举起至垂直地面。

（3）蹬地腿向后上方举起，成倒立姿势。

（4）推右手，右腿伸展侧落，左腿向后屈膝，身体右侧屈，重心转移到左臂。

练习这一技巧动作时，先靠墙练习倒立，然后由同伴辅助进行单臂支撑分腿倒立练习。

（二）手倒立

动作方法：

（1）自然站立，两臂体前平举，上体有控制地向前倒地，手掌着地，含胸、顶肩。

（2）一侧腿向上摆动举起至垂直地面，另一侧腿也上摆至与先摆动的腿平行，成倒立姿势，两手支撑重心。

练习这一技巧动作时，先靠墙练习倒立，然后在同伴的帮助下进行倒立行走练习。

（三）单腿全旋

动作方法：

（1）蹲姿，双手在体前撑地，左腿屈膝全蹲，右腿侧伸。

（2）右腿沿地面顺时针绕动，同时上体以两手为支撑向两侧移动。

（3）右腿绕到手的位置时，手离地待右腿绕过再撑地。

（4）右腿绕到左脚时，左脚蹬地腾空，臀部稍向上提，待右腿绕到右侧时，左腿在落地还原。

注意在练习过程中，上体重心随着绕腿而灵活移动。

（四）风车

动作方法：

（1）分腿俯撑，左手在体侧撑地，左肘内夹贴腰，右手在体前撑地。

（2）左脚抬起，用力向右斜下方摆动，左手推手，身体倒向左侧，从手臂到背部依次触地，稍抬腰，两腿依次摆动，身体在摆腿的带动下转成俯卧姿势。

（3）双手迅速贴地支持重心，使身体还原为准备姿势。

重复多次练习,注意转动风车时两腿要分开较大距离;转动时尽量避免两脚触地。

二、街舞组合动作训练示例(4×8 拍)

（一）第一八拍

如图 8-6 所示。

图 8-6　第一八拍

1. 步伐

1—2 拍:右脚尖重复点地两次。

3 拍:右脚朝前方迈一步。

4 拍:左脚向前迈一步,左右脚并立。

5 拍:右脚侧点地,重心移至左脚。

6 拍:右脚收回,左脚侧点地。

7拍：同5拍。

8拍：右脚收回成基本并立姿势。

2.手臂

1—2拍：右手打2次侧响指。

3拍：微屈两臂同时上举。

4拍：双臂放下再上举。

5—7拍：双臂稍屈置于身体两侧。

8拍：双臂向斜上方举起。

3.手型

1—2拍：响指。

3—7拍：双手放松成半握拳。

8拍：出双手食指 point。

4.面向

1—4拍：1点。

5、7拍：8点。

6拍：2点。

8拍：1点。

（二）第二八拍

如图8-7所示。

1.步伐

1拍：两脚开立，屈膝半蹲，右肩侧顶。

2拍：与1拍动作相同，方向相反。

3拍：胸在肩的带动下顺时针绕环。

4拍：抬起左脚。

5拍：左脚脚跟点地。

6拍：左脚收回，右脚跟点地。

7拍：180° 转身。

8 拍：双肘抬起。

2. 手臂

1—7 拍：双臂自然垂于体侧。
8 拍：两臂抬起到腰间部位。

3. 手型

1—7 拍：双手放松。
8 拍：握拳。

4. 面向

1—3 拍：1 点。
4—6 拍：3 点。
7—8 拍：7 点。

1 2

3 5

6

7 8

图 8-7　第二八拍

（三）第三八拍

如图 8-8 所示。

图 8-8　第三八拍

1. 步伐

1—2 拍：下肢固定，转动上体。

3 拍：右脚前迈一步。

4 拍：左脚前迈一步，与右脚成并步。

5 拍：左脚向后撤步。

6 拍：180° 转体。

7 拍：右脚向后撤一步。

8 拍：180° 转体。

2. 手臂

1—2 拍：肘部向侧方向上抬两次。

3 拍：稍微伸出左臂。

4—8 拍：两臂在体侧自然摆动。

3. 手型

双手放松或半握拳。

4. 面向

1—5 拍: 1 点。
6—7 拍: 5 点。
8 拍: 1 点。

（四）第四八拍

如图 8-9 所示。

图 8-9　第四八拍

1. 步伐

1 拍: 右脚跟前点。
2 拍: 左脚跟前点。
3 拍: 右脚向前半步迈出。

215

4 拍：双脚脚跟向前转动后收回。

5 拍：右脚向后迈一步。

6 拍：左脚向后迈一步。

7 拍：跳跃换脚。

8 拍：左脚向前，两脚并立。

2. 手臂

1—3 拍：手臂自然放松。

4 拍：肘部前抬然后收回。

5—6 拍：手臂自然放松。

7 拍：右臂由后向前抢。

8 拍：两臂保持自然放松状态。

3. 手型

双手自然放松。

4. 面向

面向 1 点。

第三节　肚皮舞运动训练

肚皮舞产生于中东地区，是具有阿拉伯风情的一种现代流行舞蹈，从兴起到发展至今，一直都以神秘著称。跳肚皮舞时，节奏变化快，腹部和臀部随音乐节奏摆动，呈现出变化多样、赏心悦目、风情万种的舞姿，这是肚皮舞的主要特色。肚皮舞的主要舞动部位是腹部、胸部和骨盆，其动作结构、特征与女性的身体结构特点高度相符，对改善女性体质、增进健康和塑形美体非常有帮助。女性跳肚皮舞，能够有效锻炼子宫，提升身体柔韧性，改善身体器官功能和机体肌肉质量。此外，作为有氧运动的典型代表，肚皮舞还能帮助女性减肥塑身。现阶段，肚皮舞作为一种时尚流行运动风靡世界各地,赢得无数女性群体的青睐。

一、肚皮舞基本舞步训练

（一）扭步

（1）两脚开立。左脚在右脚后点地时,右胯向前推,注意不是向前顶。

（2）右脚向右迈步,胯部固定不动。

（3）左脚再点地,同时左胯向后拧。

（二）葡萄藤步

（1）两脚开立,右脚在右侧点地,左脚支撑重心。

（2）右脚在左脚前交叉。

（3）左脚向左移步成双脚开立姿势。

（4）右脚在左脚后交叉。

（5）左脚向左移步,用脚尖点地。

（三）鸭子步

（1）双脚开立,两脚距离同髋宽。身体和脚向一侧转,重心顺势前移,后脚用脚尖触地。稍屈膝,左腿稍下蹲,此时要确保肩、胯、脚都在斜位。

（2）右膝关节发力,上蹬时从胯到胸依次用力向斜上方推。

（3）屈膝时收胯,还原。

（四）摇摆步

（1）两脚开立,两脚距离比肩宽小,手臂在体侧自然打开。

（2）左脚在右脚前侧点地,右胯摆动。

（3）右脚向右迈步，左胯摆动。注意只活动胯部，要求身体平稳无起伏。

（4）重复（2）和（3），重拍在第三次摆胯上，重拍后停一拍，然后继续摆胯。

（五）埃及沙依地步法

（1）右脚向左脚前方点地，两腿微屈膝，两臂在体侧打开。

（2）左脚向左迈步，身体微微向左侧倾斜。

（3）左腿向右前方屈膝上踢，右手自然扶头一侧，左臂不动，反方向重复一次。

二、肚皮舞组合动作训练

（一）手臂组合动作（4×8拍）

准备动作：

直立，抬头挺胸，左臂伸展在体侧向上高举，右手叉腰。右脚在左脚前点地。

第一个八拍：

1—2拍：右臂打开，左臂下压，做蛇手动作，向前俯身。

3—4拍：做蛇手，左臂稍高，右臂稍低，慢慢起身。

5—6拍：做蛇手，身体直立。

7—8拍：做蛇手，上体不动。

第二个八拍：

1—2拍：两臂在体侧打开，上臂与地面平行，然后做蝴蝶手臂姿势。

3—4拍：手心翻转朝内，手发力使两臂向前靠拢。

5—6拍：手腕相对，指尖外展，避免肘下沉。

7—8拍：手和肘部发力向两侧推，还原。

第三个八拍：

同第一个八拍动作相同，同样是蛇形手臂动作，但要在身体直立状态下完成，不需要俯身。

第四个八拍：

1—2拍：自然站立，左脚向前迈步点地，双手在胸前交替摆动。

3—4拍：下腰，两手继续摆动，目视正前方。

5—6拍：慢慢起身，手臂动作不变。

7—8拍：还原直立站姿，手臂动作不变。

(二)胸部组合动作(4×8拍)

准备动作：

直立，挺胸抬头、提臀收腹。左臂屈肘，左手放在头侧，右手叉腰。右脚向前迈步点地。

第一个八拍：

1—2拍：向右上方提胸，还原，再提胸。

3—4拍：向左上方提胸，还原，下肢姿势不变。

5—6拍：向右上方提胸，还原。注意不要平移胸。

7—8拍：向左上方提胸，还原。注意肩膀不要晃动。

第二个八拍：

1—2拍：手臂在体侧打开，左脚向左迈一小步，身体左移，抖胸。

3—4拍：右脚向右迈一小步，身体右移，抖胸。

5—6拍：右脚向左脚前迈一步点地，身体前移，抖胸。

7—8拍：右脚收回，身体后移，抖胸。

第三个八拍：

1—2拍：胸向右平移，顺时针垂直环绕。

3—4拍：胸转到中间部位时，收腹，胸放松。

5—6拍：胸向左平移，顺时针垂直环绕。

7—8拍：胸转到中间部位时，收腹，胸放松。

第四个八拍：

1—2拍：双手在体侧屈臂上举，掌心向上(埃及手势)。胸往前推，就像顶胸一样。

3—4拍：胸向左平移。

5—6拍：收腹，胸沿顺时针转到后正中位置时，腹部向后收紧。

7—8拍：胸部顺时针水平环绕到右侧。

（三）胯部动作组合（4×8拍）

准备动作：

直立,挺胸抬头、提臀收腹。右臂在体前平举,左臂屈肘,左手放在头侧。右脚向前迈步点地。

第一个八拍：

1—2拍：右膝向上用力向上提右胯。

3—4拍：右膝下放,胯收回。

5—6拍：同1—2拍。

7—8拍：同3—4拍。

第二个八拍：

1—2拍：两臂自然打开,两脚开立,胯向前顶。

3—4拍：胯向后顶。

5—6拍：同1—2拍。

7—8拍：同3—4拍。

第三个八拍：

1—2拍：两脚开立。身体、脚向右侧转,重心顺势前移,后脚用脚尖踩地。屈膝,左腿稍下蹲。

3—4拍：左膝发力,上蹬时从胯到胸向斜上方推。

5—6拍：同1—2拍。

7—8拍：同3—4拍。

第四个八拍：

1—2拍：两脚开立,两臂在体侧打开,左脚向前迈步点地,右胯向右摆动。

3—4拍：右脚向前迈步,左胯摆动。

5—6拍：同1—2拍。

7—8拍：同3—4拍。重拍在第三次摆胯上,第三次摆胯后停一拍,然后继续摆胯。

第四节　广场舞运动训练

广场舞是近些年流行起来的一种民间有氧健身操,是居民在广场、公园等露天的开阔空间上自发组织的富有韵律的一种健身舞蹈。广场舞以徒手健身舞蹈为主,有时也会用到一些简单的轻器械,居民徒手或手持轻器械在分贝较高、具有强烈节奏感的音乐伴奏下集体舞动,场面颇为壮观。跳广场舞已经成为我国一种流行社会现象,参与者以中老年人居多,这类群体参与强度低、密度大、运动量灵活的广场舞健身,能够达到强身健体、塑形美体、愉悦身心、娱乐休闲、医疗保健的效果。

一、广场舞基本舞步训练

（一）旁点踏

（1）两手在体侧叉腰,腿伸直并拢,脚跟相抵,脚尖稍分开,左脚向左迈一步。

（2）两腿分开,右腿屈膝上提,向上勾脚尖,上身右倾,然后向右迈一步伸出右腿,脚尖点地。

（3）上体姿势不动,右腿收回,向上勾脚尖,还原,两脚分开。

（4）左脚向上勾脚尖,然后向左迈一步,脚面绷直,脚尖点地。上体向左倾斜。

（5）左脚收回原位,两腿屈膝,两脚间距同肩宽,右脚脚尖稍外展。

（二）两步平踏

（1）身体直立,双手在体侧叉腰,两腿并拢,脚尖打开,脚跟相抵。

（2）右腿屈膝上提,右脚脚尖向上勾起,左脚支撑重心,左脚重复此动作。

（3）两脚交替做以上动作，身体重心在两脚上来回变化，注意身体始终要保持平衡。

重复4次，每侧脚各2次。

（三）吸点步

（1）双手在体侧叉腰，两腿并拢，脚尖打开，脚跟相抵。

（2）向左侧屈膝，右脚稍提踵，头与上体扭向左侧，目视左前方。

（3）屈膝深蹲，左脚支撑重心，右脚脚跟继续上提，脚尖撑地。

（4）右腿提起至大腿平行地面，右脚与左腿内侧紧贴，脚掌朝后。

（5）右脚在左脚前落地，脚面绷直，脚尖点地，身体向左扭转。

（6）右脚收回，上身和头部都转正。

（7）反方向重复上述动作。

（四）三步趋步

（1）身体直立，双手在体侧叉腰，两腿并拢，右脚向左脚前迈步点地。

（2）左脚向前垫步，脚尖点地，左脚依然在右脚后。

（3）左脚并向右脚。

（4）身体稍向右转

（5）右脚迈向右前方。

（6）左脚向前垫步，脚尖点地，左脚在右脚后面。

（7）左脚迈向右前方，脚尖点地，左脚在右脚前面。

（8）右脚向前垫步，脚尖点地，右脚在左脚后面，

（9）左脚向前垫步，脚尖点地，左脚在右脚前面。

（10）右脚并向左脚，腿伸展并拢。

（11）身体和头转正，还原准备姿势。

二、广场舞舞步组合动作训练

(一)8步组合示例

（1）自然直立，两手在体侧叉腰，两肩齐平，腿并拢，脚跟相抵，脚尖分开。

（2）右脚向右迈步，脚尖点地，上体顺势稍向右倾，稍向左转头，目视左前方。

（3）两腿屈膝下蹲，右腿横向屈膝，左腿向前屈膝。

（4）腿伸直，左脚向左侧迈步，脚尖点地，上体稍向左倾，稍向左转头。

（5）屈膝下蹲，上体姿势不变。

（6）两腿伸直，右脚脚尖点地，向左前方顶胯，身体稍后仰，同时适当抬头，目视左前上方。

（7）右腿向左脚前方迈步，脚尖外展，左脚脚尖点地。

（8）左脚向左前方迈步，向前顶胯，右脚脚尖点地。

（9）右脚并向左脚，脚跟相抵，屈膝半蹲，膝盖外展，上体稍向右转，含胸。

（10）腿伸直并拢，双手叉腰。

（11）身体和头转正，回到准备姿势。

(二)16步组合示例

（1）身体直立，双手在体侧叉腰，两腿并拢，脚跟相抵，脚尖分离。

（2）身体左转90°，右腿向后伸展，脚尖点地。

（3）右脚前移半步，左脚同时向前移动。

（4）身体继续向左转90°，右脚迈向左脚前方，左脚脚尖点地。

（5）左脚向前移半步，右脚同时向前移。

（6）再转体90°，左脚向右前方迈出，右脚脚尖点地。

（7）右脚向前移半步，左脚同时前移。

（8）上体继续左转90°，右脚向左前方迈出，左脚脚尖点地。

（9）左脚向前移半步,右脚同时前移。

（10）右脚向右前方迈一大步,脚尖点地。

（11）右脚收回与左脚并拢,身体直立。

（12）左脚向左迈一大步。

（13）右脚并向左脚。

（14）左脚再向左迈一大步,脚尖点地。

（15）左脚收回与右脚并拢。

（16）左脚再向左迈一大步,脚尖点地。

（17）左脚再收回与右脚并拢。

（18）身体、头正直,双手叉腰,两腿并拢,还原准备姿势。

三、广场舞成套动作训练

下面列举 32 步组合的成套动作训练。

（1）两臂自然放在体侧,两脚并拢,脚跟相抵,脚尖分离。左脚迈向右前方,在右脚前交叉,右脚提踵,脚尖点地,上体稍向右前方转,向左扭头。左臂在身体左侧平伸,右臂前伸。

（2）右脚迈向左前方,超过左脚,向左前方扭转上体,手臂姿势与上面相反。

（3）左脚向左后方向退步,脚尖点地,身体稍向右前方扭转,手臂姿势同（1）。

（4）右脚向右后方向退步,向左侧前方稍转体,头顺势扭动。手臂姿势同（2）。

（5）原地踏步,左膝弯曲上提、下落,右臂屈肘上抬,手指朝上,左臂落于体侧。

（6）右膝弯曲上提、下落,左臂屈肘上抬,手指朝上,右臂落于体侧。

（7）左膝弯曲上提、下落,右臂屈肘上抬,手指朝上,左臂落于体侧。

（8）右膝弯曲上提、下落,左臂屈肘上抬,手指朝上,右臂落于体侧。

（9）两膝同时弯曲,稍向下蹲,两臂从右向左甩动,重心在两腿间。

（10）向左上方甩臂,上体左转,左膝弯曲支撑重心,右腿斜伸直。

（11）原地踏步,右膝弯曲上提、下落伸直。

（12）左膝弯曲上提、下落伸直。

（13）屈膝稍蹲,两臂从左向右甩动,重心在两腿间。

（14）向右上方甩臂,身体右转,右膝弯曲,支撑身体重心,左腿侧伸展。

（15）原地踏步,左膝弯曲上提、下落伸直。

（16）右膝弯曲上提、下落伸直。

（17）左脚迈向右前方,超过右脚,右脚提踵,脚尖点地,上体稍左转,左臂向体侧平伸,右臂前伸。

（18）右脚迈向左前方,超过左脚,上身向右侧转,手臂姿势与（17）相反。

（19）左脚向左后方退步,脚尖点地,身体向左侧转,手臂姿势同（17）。

（20）右脚向右后方退步,上体右转,头向右扭转。手臂姿势与（17）相反。

（21）左脚迈向右前方,超过右脚,右脚提踵,脚尖点地,上体左转,同时头左转。左臂在体侧伸直,右臂前伸。

（22）右脚迈向左前方,超过左脚,上身向右扭转,手臂姿势与（21）相反。

（23）左脚向左后方退步,脚尖点地,身体向左转,手臂姿势同（21）。

（24）右脚向右后方退步,上身向右侧转,头顺势右转。手臂姿势与（21）相反。

（25）身体向后转180°,左脚大步退向左后方,右腿伸直,手臂向左后上方摆动。

（26）手臂落于体侧,右脚退回并向左脚。

（27）左膝弯曲上提,下落伸直,右臂屈肘上提,手指向上,左臂自然垂于体侧。

（28）右膝弯曲上提,下落伸直,左臂屈肘上提,手指向上,右臂自然垂于体侧。

（29）身体向后转180°,左脚大步退向左后方,右脚伸直,手臂向右后上方同时摆动。

（30）两臂自然下落,右脚后退与左脚并拢。

（31）左膝弯曲上提,下落伸直,右臂屈肘上提,手指向上,左臂自然垂于体侧。

（32）右膝弯曲上提，下落伸直，左臂屈肘上提，手指向上，右臂自然垂于体侧。

（33）左臂下垂于体侧，还原准备姿势。

第九章

格斗对抗运动技能训练

随着格斗对抗类项目的不断发展，这类项目在奥运会中所占的比重越来越大，因此关于这类项目的科学训练也越来越受重视。由于格斗运动员竞技能力发展的阶段性、承担比赛任务的重要性以及运动伤病的特殊性等原因，对专项运动训练提出了很高的要求，只有科学指导运动员进行系统训练，才能提高运动员的训练质量，提升竞技能力，使运动员在重大比赛中获得优异的成绩。本章对格斗对抗运动训练进行研究，主要涉及拳击、散打、摔跤和击剑四个项目，但限于篇幅，则主要对这几项格斗运动的技术训练进行分析。

第一节　拳击运动科学训练

　　拳击是戴拳击手套进行格斗的运动项目。拳击比赛既有职业性的，也有业余性的。拳击比赛的目的是打倒对方，或获得更多的分，将对方战胜。比赛双方既要主动进攻，也要加强防守，躲避对方的攻击。拳击运动有极强的对抗性，对肌肉爆发力的要求非常高，对技战术的技能要求也很高，而且拳击运动员要有勇敢拼搏、坚持不懈、顽强作战的良好意志品质与精神品质。正因如此，拳击运动被称为"勇敢者的运动"。这项竞技运动较为复杂，赛场情况瞬息万变，对运动员的力量素质、准确判断力、快速反应力和果敢行动力都提出了很高的要求。拳击运动员不仅要体能强，还要技术娴熟，战术多变，可攻可守，要有顽强的毅力和拼搏的精神，有强大的自信和灵敏的反应，这些都是战胜对手的重要条件。而要达到这些要求，就必须经过长期系统的训练，体能训练、技能训练、心智能训练缺一不可。下面着重对拳击运动技术训练展开分析。

一、拳击技术训练内容

（一）基本拳法

1. 直拳

　　以前手（左）直拳为例，向前滑步，同时打出左直拳，接触击打目标前拳头向内旋转 90°，同时利用身体向前移动的速度，上体略前倾并送肩，加大击打力度，右手护住下颚和右肋部。注意身体重心仍保持在前脚支撑点内，头部不可超越前脚尖。

2. 刺拳

刺拳与直拳有区别,出拳速度快而且动作轻则为刺拳,出拳动作沉重称为直拳。刺拳主要攻击脸部。方法为手臂由屈到伸,拳头直线出击。当肘臂将要伸直时,拳头内旋或拳背向上。左脚在出拳时向前滑步,靠近对方,拳打出去时,上体稍前倾,配合送肩动作,以加大出击力量。

3. 勾拳

勾拳通常在近距离内使用。击打时屈肘成90°,运行路线较短,在短时间内迅速发力。以前手(左)上勾拳为例。身体略左转,屈膝,左肩下沉,拳内扣,拳峰向上,随着拳头打出拳眼由上向外转,拳峰对准腹部或下巴,由下而上击打,同时伸左腿,抬上身,左足内旋碾地以增加击打力量。

(二)组合拳法

1. 前手直拳击头 + 后手直拳击头

实战姿势,甲向前滑步向乙靠近,同时用前手直拳向乙方头部攻击,然后收拳放在下颌前,再用后手直拳向乙方头部击打。

2. 前手直拳击头 + 后手直拳击腹

实战姿势,甲向前滑步向乙靠近,同时用前手直拳向乙方头部攻击,然后收拳放在下颌前,重心下移,再用后手直拳向乙方腹部击打。

3. 前手直拳击头 + 前手摆拳击头

实战姿势,甲向前滑步向乙靠近,同时用前手直拳向乙方头部攻击,然后再换前手摆拳向乙方头部击打。

4. 前手直拳击头 + 前手上勾拳击下颌

实战姿势,甲向前滑步向乙靠近,同时用前手直拳向乙方头部攻击,然后再换前手上勾拳向乙方下颌击打。

5. 前手摆拳击头 + 后手直拳击腹

实战姿势,甲向前滑步向乙靠近,同时用前手摆拳向乙方头部攻击。然后收拳放在下颌前,重心下移,再用后手直拳向乙方腹部击打。

6. 前手摆拳击头 + 后手上勾拳击下颌

实战姿势,甲向前滑步向乙靠近,同时用前手摆拳向乙方头部攻击。然后收拳放在下颌前,紧接着用后手上勾拳向乙方下颌击打。

7. 前手平勾拳击头 + 后手上勾拳击下颌

实战姿势,甲向前滑步向乙靠近,同时用前手平勾拳向乙方头部攻击。然后收拳放在下颌前,紧接着用后手上勾拳向乙方下颌击打。

8. 后手平勾拳击头 + 前手摆拳击下颌

实战姿势,甲向前滑步向乙靠近,同时用后手平勾拳向乙方头部攻击。然后收拳放在下颌前,紧接着以前手摆拳向对方下颌击打。

9. 前手刺拳击头 + 后手直拳击头 + 前手上勾拳击腹

实战姿势,甲向前滑步向乙靠近,同时用前手刺拳向乙方头部攻击。然后收拳放在下颌前,紧接着以后手直拳向乙方头部攻击。再次收拳置于下颌前,同时向前滑步靠近乙方后立即以前手上勾拳向对方腹部击打。

10. 前手直拳击腹 + 后手直拳击头 + 前手上勾拳击腹

实战姿势,甲向前滑步向乙靠近,重心下降,迅速用前手直拳向乙方腹部攻击。然后立即收拳放在下颌前,再以后手直拳向乙方头部击打,再收拳放在下颌前,紧接着向前滑步靠近乙方后立即以前手上勾拳向对方腹部击打。

（三）防守技术

1. 阻挡技术

阻挡技术是阻挡对手的各种拳法以达到防守目的,通常用不易受伤的手、肘、臂、肩等部位防守。阻挡防守技术并不理想，如果对方打重拳，那么被击打部位甚至肌肉神经可能受伤。但这一防守技术在近距离的对抗中比较可取。对方打左拳，就用右肘阻挡，对方打右拳，就用左手阻挡。但这也不是固定的，要观察具体情况，采取合理的防守手段。肘部阻挡如图 9-1 所示。

图 9-1　肘部阻挡技术

2. 拍挡技术

拍挡技术是指运用手掌或拳拍挡对方打出的直拳。

同名手拍挡：用左手拍挡左拳，右手拍挡右拳（图 9-2）。

异名手拍挡：用左手拍挡右拳，右手拍挡左拳（图 9-3）。

图 9-2　同名手拍挡　　　　　图 9-3　异名手拍挡

3. 格挡技术

格挡指的是用手或前臂部位来挡对手的拳，从而使自己在内线（或外线）处于较为有利的进攻位置。通常对付直拳、摆拳、勾拳时要采用格挡技术。

以格挡左勾拳后反击为例,甲用左勾拳击打乙右腮面,乙右臂稍前伸并抬高来格挡甲的勾拳;随即用左摆拳或左勾拳向甲的右腮面发起反击(图9-4、图9-5)。

图 9-4 格挡左勾拳   图 9-5 反击

二、拳击技术训练方法

(一)拳法训练方法

1. 影子训练

影子训练是拳法训练的有效方式之一,不但能够提升拳法的熟练性,还能使神经系统功能得到完善。练习者在灯光下空击,观察自己的影子拳是否准确,发现错误便及时纠正。对初级阶段的拳击运动员来说,采用影子训练是非常合适的,这种训练方法和对镜训练相似,都可以用来对基本技术加以学习、改进,对各种攻防技巧不断予以熟练。

练习者对着镜子或影子对自己的一举一动进行观察,自己发现自己的问题,这也有助于锻炼练习者的运动心理素质和运动智能。总之,影子训练或镜子训练能够起到与教练员一对一指导训练一样的效果。

2. 打沙袋

打沙袋训练是锻炼耐力和击打力量的良好练习方式。练习时,身体与沙袋间距适宜,打击方法要正确,减少失误,以免发生损伤。初步练习时,教练员或同伴可将沙袋摁住以达到固定的效果,练习中注意体会手感。

(二)跳绳训练法

跳绳训练可以锻炼步法,提高上下肢与身体的灵活性,提升动作的协调性。在拳击技术训练中,跳绳训练法运用普遍,经常出现在拳击运动员的训练计划中。

跳绳练习的具体方式丰富多样,练习者可以摇1次绳单脚跳一次,两脚交替跳,也可以摇1次绳,两脚并拢同时跳1次,或者两脚并拢跳起腾空后,再次摇绳使绳从脚下过。跳绳练习不适合采用匀速跳,而应该随时变化速度,快慢交替,以提高练习效果。但在热身阶段或最后的整理阶段可以进行匀速跳练习。

(三)路训

"路训"指的是在户外进行训练,如在田野训练,在公路训练等,总之是离开室内拳台的一种训练方式。一般在调节训练阶段采用路训的练习方式,长期在室内的拳台上进行练习,运动员难免会感到枯燥,从而影响训练积极性和训练效果,而适当走出室内训练场地,去空气清新的大自然中如田野、乡间等进行训练,能够调动运动员的训练热情,使其训练积极性得到提升。上面所讲的跳绳训练和拳法训练都可以在户外进行。

第二节　散打运动科学训练

散打运动是双方运动员在一定的规则下运用各种技击法斗智、较技、较力的格斗对抗性项目,是中国武术的具体项目和重要组成部分,近几年发展十分迅速,并已经走向世界。为了促进散打运动在全世界的进一步推广和普及,我国越发重视散打队的建设,重视对散打运动员的培养与训练。而且经过各方的不断努力,我国散打运动的发展水平得到了明显的提高,人才辈出,并形成了良好的人才培养梯队和体制建设。在这种大好形势下,我国应进一步加强对散打技法训练,注重对运动员技法的培养,提升运动员散打技法的运用得分能力。下面主要对散打技术训练进行分析。

一、散打技术训练内容

(一)基本拳法

1. 冲拳

以左冲拳为例,向右侧转腰,重心稍前移,左手内旋,左拳直线向前打出,拳心朝下(图9-6)。

图9-6　左冲拳

2. 掼拳

以左掼拳为例,实战步。上体稍右转,左拳向外、向前、向里横掼,左手臂稍屈,拳心向下,右拳与右侧脸颊基本同高,保护好头部,目视前方(图9-7)。

图 9-7　左掼拳

（二）基本腿法

1.蹬腿

以左正蹬腿为例,实战步,右膝稍屈,左腿屈膝并上抬到达到胸腹部高度,脚尖上勾,左脚用力平直向前蹬出,身体稍后仰（图 9-8 ）。

图 9-8　左正蹬腿

2.踹腿

以左踹腿为例。实战步,右腿稍屈膝,重心放在右腿；左腿屈膝并上提,小腿外摆,脚尖勾起,脚面正对攻击对象,髋舒展,直膝向上踹,身体后仰（图 9-9 ）。

图 9-9 左踹腿

（三）基本摔法

1. 抓臂按颈别腿摔

对方用右掼拳击打本方头部，本方身体迅速左转，左臂向左上架格挡住对方的右拳，左手抓其腕，继续向左转体，同时用右腿别对方右腿，右臂向左下方拧对方颈部，左手向后拉其右臂，用力摔倒对方（图 9-10 ）。

图 9-10 抓臂按颈别腿摔

2. 闪躲穿裆靠摔

对方用左冲拳攻击本方头部,本方下潜,避开击打。同时右脚移到对方左脚后,左手抓其左膝,右臂别其右膝窝,头顶其胸部,用上体的力量将对方摔倒(图9-11)。

图9-11　闪躲穿裆靠摔

3. 格挡搂推摔

对方用左冲拳击打本方头部,本方右臂上架挡住,并用力卡住其左臂。右手顺势下滑到其左大腿并向内按扒,同时左手用力推其左胸,将其推倒在地(图9-12)。

4. 接腿搂颈摔

对方用右脚向本方上体踢来时,本方用左臂抓住其右小腿并向上抬,右手搂其颈部向右后下方抓压,同时右脚截对方左腿将其绊倒(图9-13)。

图 9-12　格挡搂推摔

图 9-13　接腿搂颈摔

（四）防守技术

1. 拍压

左（右）手由拳变掌，以掌心或掌根为力点从上向前下方拍压（图 9-14）。

图 9-14　拍压

2. 挂挡

左(右)臂弯曲向同侧头或肩部挂挡(图 9-15)。

1　　　　　　　2　　　　　　　3

图 9-15　挂挡

3. 拍挡

左架,实战势,左(右)手以手腕为力点向里横向拍挡(图 9-16)。

1　　　　　　　2　　　　　　　3

图 9-16　拍挡

4. 里抄

一臂屈臂外旋,靠近腹前,掌心向上。另一臂屈肘贴在同侧胸处,立掌,虎口朝上,掌心朝外(图 9-17)。

图 9-17　里抄

5. 外抄

左(右)手屈臂外旋,手心朝上。右(左)手屈臂贴近同侧胸部,立掌,掌心向外(图 9-18)。

图 9-18　外抄

二、散打技术训练方法

(一)空击练习

在学习与掌握散打技术初期可采用空击练习方法。运动员可以自己做空击练习,也可以与同伴对练,或者教练员安排以小组为单位练习或直接进行集体练习。空击练习不仅实施的形式多种多样,而且练习的侧重点也因练习内容的变化而不同。例如,在以基础技术为主的练习中,强调动作的准确性、规范性,要求运动员在练习中认真体会动作要领,包括击打目标、动作轨迹、发力部位等;在以组合技术及战术为主的练习中,强调战术意识的重要性,也强调要有目的、有针对性地进行进攻或防守。

采用空击练习方式,要贯彻循序渐进原则,先练习单个技术,再练习固定组合技术,最后练习随机组合技术,先在原地练习,然后结合各种步法进行移动中练习。

（二）隔空练习

隔空练习与一般的双人练习最大的区别在于双方没有肢体接触,只是根据对方的进攻或防守动作而采取应对的动作,这种练习方式有一定的趣味性。

采用隔空练习方式时,虽然双方不直接接触,但也要规范、逼真地完成动作,控制好双方的距离,调整好自己的节奏,将各种技战术充分发挥出来,在练习过程中要集中精力,灵活应对,迅速完成攻防。双方要相互配合好,相互关照对方,主动练习者和被动配合者要互换角色反复练习。

（三）击点练习

击点练习也就是听信号练习,提前规定每个信号对应的动作,在练习过程中运动员快速反应,严格按要求准确完成动作,击中目标。教练员发信号时,要注意信号不能太复杂,要隐蔽好信号,不能被运动员察觉,要发出清晰的信号,并调整准确的靶位,要控制好信号的速度,随机发出信号,不能让运动员发现其中的规律,信号要多变,要有突然性,但必须是提前规定好的。在运动员体力充沛时可以发出较复杂的信号,而当运动员体力下降时,需发出较简单的信号,否则会使运动员的动作质量受到影响。

（四）递招练习

递招练习适合在周期性训练的初级阶段采用,适用于初级运动员。这种练习有两种形式,一种是接触式身体练习,另一种是不接触式身体练习,需根据训练目标和运动员的实际情况灵活选用。这种练习不但能够使运动员熟练掌握各种攻防技术,还能有效提高其速度素质和反应能力。递招练习还有一个很大的优势,即不会使练习者产生心理压力,练习者可以轻松参与训练。

第三节　摔跤运动科学训练

摔跤是最古老的竞技运动之一,在中国、希腊、埃及等国家的古代文明中都有关于摔跤的文字记载。摔跤运动是在实践过程中不断改进和发展的,随着灵活多变的技巧及力量的运用,优秀的摔跤选手能够更迅速地战胜对手取得胜利。在不同的历史时期,人民按照本民族、本地区的风俗习惯和文化特点创造了各种各样的获胜技巧,建立了丰富的摔跤技术、摔跤理论和比赛规则,也造就了来自不同国家、民族的摔跤英雄。而摔跤英雄所取得的成就离不开其长年坚持不懈的训练。本节重点对摔跤运动技术训练展开分析。

一、摔跤技术训练内容

（一）基本姿势

1.站立姿势

两脚前后站立,一脚在斜前方,另一脚在斜后方,间距为一脚宽,稍屈膝,上体稍前倾,两肘紧贴肋部,前臂前伸,重心落在两腿间。

2.跪撑姿势

在垫子上跪立,足尖撑地,两膝间距同肩宽,两手撑在垫子上,两手间距稍比肩宽。掌握基本跪撑姿势后,要学会从跪撑姿势过渡到站立姿势,或在跪撑姿势下摆脱对方的控制。

(二)步法移动

1.上步

两脚左右开立,一脚先向前迈出一步。

2.跟步

在上步的基础上另一脚跟进迈出。

3.后撤步

两脚左右开立,一脚向后撤退一步,或双脚同时向后撤退一步。

4.背步

两脚左右开立,一方右脚先上步到对方右脚前,然后左脚从自己右脚跟后上步到对方左脚前,同时身体向左后方转,背对对方,重心平稳,左脚即为背步。

(三)过背摔法

1.抱肩颈过背摔

右势,甲左手插向乙的右腋下,右手从乙的颈部左侧将乙的头颈圈住并与左手搭扣,双手将乙向右后方向引移,右脚上步到乙的右脚前,左脚背步在乙的左脚前,转体填腰,屈膝下蹲背起乙,同时双腿直膝,双手下压,向左甩脸,上体前倾左转,将乙摔出,最后成压桥姿势。

防守与反攻:在甲转体前,乙迅速转体使用抱肩颈过背摔,迫使甲转攻为守。

2. 握颈和臂过背摔

右势,甲用左臂夹住乙的右臂,右手将乙颈部抓住,左脚上步到乙的左脚前,右脚背步在乙的右脚前,转体填腰,屈膝,重心下移将对方背起,同时左手向下将乙的颈部夹压住,左手拉,向左甩脸,将乙摔出,并将其控制在垫上。

防守与反攻:甲身体转动时,乙身体向下沉,抬头挺髋,同时双手将甲的腰抱住并向侧或后方向摔。

(四)跪撑技术

1. 正抱提过胸摔

乙跪撑,甲在乙后面双手抱其腰,左脚放在乙的两脚间,右脚放在乙的右腿外侧,将乙向上提起,同时左腿收回,发力蹬腿,向左后方转体,将乙摔倒。

防守与反攻:当甲抱住乙的腰向上提时,乙突然向不同方向移动,两腿尽可能置于甲的两腿间,破坏甲的动作。

2. 后抱腰滚桥翻

乙跪撑,甲在乙后面双手紧紧抱住其腰。右腿置于乙的右腿外侧,右腹与乙右臀部紧靠,右脸紧贴在乙的背上,右肩突然挤压乙的右肩,使乙滚向右前方,甲头着地时,两脚用力撑地,向头部方向蹬腿、挺腹、挺髋成桥,将乙滚翻过去并将其控制在垫子上。

防守与反攻:乙打开四肢,用力支撑,不停爬动和移动,防止甲滚动。

3. 反抱大腿翻

乙跪撑,甲在乙的身体左侧跪立,用身体左侧压住乙的上体,右手穿过乙的右大腿和在乙裆中的左手搭扣,右腿插入乙的左大腿下方,双手将乙的右腿向上提起,同时左上臂和身体左侧继续压住乙的上体,挺髋蹬腿,倒向左后方,把乙翻转过去。

防守与反攻:乙左腿蹬向左侧,横跨在甲的身上。

二、摔跤技术训练方法

(一)进攻练习法

进攻练习的方式有很多,如个人练习,集体练习,固定位置练习,移动位置练习,等等。如果采用固定位置练习方式,防守者站在原地不动,让进攻者进招,此时防守者可适当抵抗,从而促进进攻者攻入能力的提升。如果采用移动位置练习方式,进攻者结合步伐移动进攻时,防守者要予以配合,让进攻者成功攻入进来,促进进攻者移动进攻能力的提升。

采用进攻练习的方式时,要明确练习的速度、时间,规定练习的组数与次数,练习要有针对性,要加强对特长技术的练习,并使运动员熟练掌握各种进攻技巧。进攻练习可以与体能练习有机结合起来。

(二)约束练习法

针对某一技术或战术进行练习时,为了提高运动员对该技术或战术的熟练运用能力,规定运动员在对抗时只能采用这一方法进攻,而不能采用其他进攻方式。规定的进攻技术或战术一定要准确完成,动作不能变形,防守者要积极配合。当运动员熟练掌握规定技术或战术后,约束练习的条件可以稍微放宽,同时也要适当增加练习难度,循序渐进地提升运动员的技战术能力。

(三)绝技练习法

绝技指的是不管对手是什么类型的摔跤选手,也不管对手体型如何,在各种情况下使用起来都能取得良好效果的技术。在摔跤比赛中使用绝技往往能够提升成功率。优秀的摔跤选手往往拥有自己的专长,并将其发展为自己的绝技,绝技不是一朝一夕练就的,而是在无数次的反复练习中逐渐形成的。身怀绝技的优秀摔跤运动员不仅有自己的"绝杀技术",还全面掌握了各项摔跤技术,所以说不能只练专长技术,只练绝技,而要注意练习的全面性,并在全面掌握摔跤技术的基础上发展专长和绝技。如果运动员只有绝技而没有良好的技术基础,技术掌握不全面,那么在实战中很难有机会施展绝技,如果找不到发挥绝技的机会,又没有将其他技术掌握好,那么必然会陷入被动。对摔跤技术的全面掌握是运动员练就绝技的基础条件。在全面学习与掌握了摔跤技术后,重点挑选两三个擅长的技术进行专门性练习,形成自己的绝技。绝技不需要太多,重点是要与其他技术结合起来使用。需要注意的是,不要一味模仿优秀摔跤选手的绝技,否则会造成"东施效颦"的效果。运动员一定要从自身实际情况和擅长的技术出发而练就属于自己的绝技,从而在比赛中能够灵活运用绝技而"一招制敌"。

第四节　击剑运动科学训练

　　击剑是一种典型的剑类运动,击剑运动场地为长方形平坦场地,运动员将面罩戴在头上,穿着符合比赛规定的运动服装,将有弹性的细长钢剑持握在一只手中,遵守比赛规则与对手展开较量,规定时间内按刺(劈)中的剑数来决出胜者。击剑运动既有竞技性(对抗性),也有艺术性(观赏性),是竞技与艺术的有机结合,这是这项运动极具魅力、感染力与吸引力的重要属性。花剑、重剑、佩剑是击剑运动的主要剑种。不同剑种的比赛规则、有效击中点是有区别的,因此它们的竞技特点也存在差异性。对比来看,花剑更具准确性和技巧性,佩剑更具速度性,而重剑的运动性更突出。本节主要分析击剑技术训练内容与方法。

一、击剑技术训练内容

（一）准备姿势

1. 握剑

击剑运动中,握剑是最基本的技术,主要靠持剑手的拇指与食指对剑尖予以控制。握剑时,拇指和食指稍微弯曲并保持相对姿势来持剑,其余三指将剑柄压在掌根中线,掌心与剑柄留有间隙,手腕适度紧张,但不要僵硬,以便灵活控制剑。为了对击剑时的手腕动作有正确的体会,建议初学者在练习时使用直柄剑。

2. 实战姿势

在击剑行动前,要先做好准备姿势,也就是实战姿势。动作方法为面向前方侧身站立,两脚前后分开,与肩宽等距,后脚与前脚跟的延长线保持垂直,屈膝稍半蹲,上体保持自然状态,持剑一侧手臂肘关节微屈,另一侧手臂的大臂平行地面,大小臂垂直,手腕、手指放松且保持自然状态。

（二）进攻步法

1. 弓步

前脚脚尖翘起,前腿向前摆动小腿,从脚跟着地向全脚掌着地过渡,大腿基本平行地面,大小腿几乎垂直,与此同时,上体稍向前倾,后脚蹬地,后腿伸直。采用弓步步法来进攻时,先将持剑手的手臂充分伸展,将剑尖朝目标对准,然后再做弓步姿势,另一侧手臂后摆,以保持重心平衡。

从弓步姿势向实战姿势还原时,后腿先屈膝,前脚脚跟蹬地,上体顺势向后移,还原基本姿势。

2. 冲刺

持剑臂伸展,上体顺势向前移,后脚蹬地,小腿提起经内侧交叉前摆后落在前脚前,前腿伸直,前脚交叉向前冲跑,身体充分伸展。

3. 佩剑冲刺

佩剑的冲刺步伐为后脚稍蹬地,身体重心移向前脚后前脚蹬地,上体向前跃出,落地时从前脚着地过渡到全脚掌着地,保持身体平衡,注意避免后脚超过前脚(交叉步不可出现在佩剑中)。这一步法一般用于佩剑战术中,以达到出其不意的效果。

(三)进攻技术

不同剑种的进攻技术不同,这里主要分析花剑的进攻技术。

1. 直刺进攻

持剑臂伸展,然后做弓步姿势,剑尖在手指的控制下刺向目标,注意不要一开始就完全伸直手臂,大体上伸直就可以了,击中目标时才将手臂充分伸展,注意肩要放松。

2. 转移进攻

转移进攻是一种间接进攻方式,特点为"在一条线上发动,在对手暴露部位的另一条线上结束"。将剑尖对准对方剑下方做半圆形转移,同时持剑臂伸展伺机向对手暴露的目标进攻,依靠手指和手腕对剑尖路线加以控制,不要旋转前臂,手腕动作力度不宜过大。

3. 交叉进攻

本方剑尖绕过对手剑尖,刺向对手开放的线上,这就是交叉进攻。采用交叉进攻技术时,持剑臂屈肘,手指和手腕动作稍轻,控制剑尖沿着对手的剑向上滑动,从对手剑尖越过再刺向目标,注意整个过程中动作轨迹整体是向下的,压在剑柄上的手指保持向上,手腕和手指灵活控制剑尖的移动路线,快速刺向目标。交叉进攻中采用的进攻步法是弓步,而且弓步动作是紧随手臂动作完成的,上下肢协同配合,不能停顿。

（四）防守技术

1. 武器防守

武器防守是击剑运动中最常用的防守技术,这里的武器指的就是击剑中所用的器械——剑。采用武器防守技术时,要点是"以自己剑的强部防守对手剑的弱部"。在武器防守中,双方距离适宜是非常重要的前提条件,这直接影响防守效果。武器防守的形式除了直接用器械防守外,还有下列两种防守方式。

（1）击打防守

本方通过用剑击打来将对手的剑打开,这就是击打防守。这类防守技术在花剑、佩剑比赛中常常采用,出现最多的是在第6、4、2防守上。从击剑比赛规则来看,采用击打防守技术对攻方较为有利,而且能够获得优先判权。击打防守的特点是能够以较快的速度和较少的消耗进行防守和还击。击打防守与进攻有密切的联系,这为二者相互转化提供了便利,也便于对刺激点进行调整。击打防守技术也有自身的不足,如防守不彻底,容易影响防守效果,而且不易控制剑尖,这是这种防守技术在重剑比赛中使用较少的主要原因。

（2）格挡防守（压剑防守）

格挡防守是指以本方的护手盘和剑根将对方控制住,以防对方攻击本方的弱点,而且能够紧贴对方的剑进行还击,为防守反击提供了便利。一般在较近距离的对抗中常采用这一防守技术,而上面所讲的击打防守则适用于较远距离的较量中,这是格挡防守与击打防守的一个重要区别。格挡防守常常被运用于花剑比赛中,尤其是第6防守中。

2. 躲闪防守

本方通过变化自己的身体位置来躲开对方的剑,这种防守方式就是躲闪防守,常常运用于花剑和佩剑的比赛中。躲闪防守与反攻密不可分,尤其是侧身反攻和下蹲反攻,常常连贯使用。

3. 距离防守

本方通过后退拉开与对方的距离,从而避开对方攻击,这种防守就是距离防守。在众多的防守方法中,这种防守最为可靠,但对运动员的距离感、节奏感、位移速度及灵敏性等专项素质提出了较高的要求。这种防守技术与反攻也常常配合使用,但为了达到防守目的而拉开了与对方的距离,其还击难度较大。

二、击剑快速进攻训练方法

(一)专项速度和灵敏训练

击剑运动的专项速度主要是指动作速度和位移速度。击剑比赛中的动作速度可分为加速、平速、减速三个阶段。起动速度和出剑速度对击剑运动员而言非常重要,在一次完整的攻防中,专项速度好的运动员往往能够在有效对抗距离中获得优势。运动员起动速度快为后面的进攻或防守奠定了良好的基础。在击剑运动训练中,要特别重视专项速度的训练,通过一系列跑的训练方式来增加最大跑速。在跑步练习中要特别注意手臂摆动应与下肢协调配合,从而在提高跑速的同时增加上肢力量,避免因上肢力量弱而对最大速度的发挥造成制约。增加上肢力量还有助于更好地控制剑尖移动方向,迅速完成刺、劈等动作。

身体灵活也是击剑运动员应该具备的基本素质,所以在专项速度训练的基础上,还要进行专项灵敏训练,如变换动作练习、击中目标练习、抢接手套练习等。

(二)培养距离感

击剑运动中有近距离、中距离和远距离 3 种距离。击剑运动员在比赛中对自己和对手的位置及完成各种击剑动作的距离的判断能力就是所谓的距离感。良好的距离感对击剑运动员而言非常重要。因此要注重培养击剑运动员的距离感,具体方法如下。

1. 双人练习

在双人练习中,保持有效距离,一方主动移动,移动的速度、深度及节奏要不断根据需要而调整,通过进与退的变化或真假动作的转换来迷惑对手,干扰对手对双方位置及采取行动的距离的判断。打乱对方的节奏,控制对方。

2. 个别练习

这是在有效距离内提高运动员交锋能力的重要方式,也是培养运动员距离感的有效手段。通过个别练习能够巩固基本功,模拟实战中的各种变化而培养运动员的快速判断与反应能力。

(三)培养时机感

运动员在有利的特定时段内的感知能力就是所谓的时机感。击剑运动员要具备良好的时机感,这是其在激烈的比赛中有效完成各种攻防动作的基础条件。在击剑比赛中,运动员要抓住每一次有利的进攻机会,在陷入被动时要伺机加强防守,在最佳时间完成瞬间的攻与防,这是取胜的重要条件。所以要特别重视对击剑运动员时机感的培养。练习方式包括双人练习、模拟练习等,在练习中观察对手的进攻规律和习惯,找到对方的破绽,抓住对方的弱点迅速反击。

参考文献

[1] 肖涛,孔祥宁,王晨宇. 运动训练学 [M]. 重庆:重庆大学出版社, 2016.

[2] 赵琦. 体能训练理论与方法 [M]. 南京:东南大学出版社,2017.

[3] 黄武胜. 体育训练与运动心理学研究 [M]. 北京:中国商务出版社,2019.

[4] 张波,牟其林,李睿. 体育训练与运动人体科学研究 [M]. 长春:吉林大学出版社,2017.

[5] 张凯,张力为. 现役运动员心理指导手册 [M]. 北京:人民体育出版社,2020.

[6] 王新胜. 竞技心理训练与调控 [M]. 北京:北京体育大学出版社, 2001.

[7] 田晓玉. 运动训练学学习指导 [M]. 长春:吉林大学出版社, 2011.

[8] 郑伟. 论竞技能力 [M]. 北京:中国科学技术出版社,2005.

[9] 杨桦,李宗浩,池建. 运动训练学导论 [M]. 北京:北京体育大学出版社,2007.

[10] 胡亦海. 竞技运动训练理论与方法 [M]. 北京:人民体育出版社, 2014.

[11] 刘大庆,周爱国,刘刚,等. 运动员竞技能力的结构特点与基础训练方法 [M]. 北京:北京体育大学出版社,2006.

[12] 李爱国. 田径运动教学研究 [M]. 武汉:武汉大学出版社,2017.

[13] 夏国滨,陈岩,胡佳刚. 田径专项教学与训练方法 [M]. 哈尔滨:哈尔滨地图出版社,2006.

[14] 王崇喜. 球类运动 足球 [M].3 版. 北京:高等教育出版社, 2015.

[15] 周伟 . 大学体育 小球类 [M]. 北京：高等教育出版社,2016.

[16] 万江 . 大学体育 大球类 [M]. 北京：高等教育出版社,2016.

[17] 张枝梅,冯明新 . 球类运动 [M].2 版 . 北京：化学工业出版社,2017.

[18] 李江霞 . 健身健美运动 [M]. 天津：天津科学技术出版社,2020.

[19] 周骞 . 高校健身健美教程 [M]. 北京：新华出版社,2018.

[20] 廖丽琴,傅超 . 健身健美操 [M]. 长春：吉林大学出版社,2016.

[21] 武艺 . 看图学广场舞 [M]. 北京：人民邮电出版社,2016.

[22] 刘双红 . 简易肚皮舞 让你轻松甩掉"游泳圈" [M]. 北京：北京体育大学出版社,2010.

[23] 武利华 . 街舞 [M]. 天津：天津人民美术出版社,2018.

[24] 段静彧 . 游泳技能训练及水上救生 [M]. 上海：同济大学出版社,2019.

[25] 黄薇薇 . 游泳运动教学与科学训练探索 [M]. 延吉：延边大学出版社,2018.

[26] （美）伊恩·麦克劳德 . 游泳运动系统训练 [M]. 朱敬先,译 . 北京：人民邮电出版社,2015.

[27] 朱伟民 . 游泳运动体能训练特点研究 [J]. 当代体育科技,2018,8（24）：42-43.

[28] 许琦 . 现代游泳训练方法 [M]. 北京：北京体育大学出版社,2007.

[29] 朱建亮 . 中国式摔跤运动入门 [M]. 北京：人民体育出版社,2013.

[30] 郑卫民 . 擒拿格斗 [M]. 北京：北京人民公安大学出版社,2009.

[31] 周小青,张冬琴 . 实用擒拿格斗术 [M]. 北京：金盾出版社,2015.

[32] 王德新,樊庆敏 . 现代拳击运动教程 [M]. 上海：复旦大学出版社,2012.

[33] 王成熙 . 拳击 基础 & 实战技巧 [M]. 成都：成都时代出版社,2009.

[34] 杨长牧 . 摔跤与举重的训练与指导 [M]. 长春：吉林文史出版社,2006.

[35] 孙永武, 丁兰英, 徐诚堂. 散打 [M]. 福州: 福建科学技术出版社, 2008.

[36] 欧阳琦珺, 陈敏. 击剑快速进攻的训练方法 [J]. 中国体育教练员, 2013 (2): 63-64.

[37] 梁攀攀, 张训超. 散打技术训练手段分类及运用研究 [J]. 搏击 (武术科学), 2011, 8 (2): 67-69.

[38] 张智录. 武术散打战术训练探微 [J]. 武术科学 (搏击·学术版), 2004 (1): 62-65.

[39] 王志苹. 现代体能训练科学设计与实用方法研究 [M]. 北京: 中国商务出版社, 2017.

[40] 张全成, 陆雯. 高级体适能与运动处方 [M]. 北京: 国防工业出版社, 2013.